孤独症儿童学前教育课程探索与教学实践

主 编 陈 茜
副主编 木冬冬 徐丽宏
编 者 胡 昆 陆晨琪 梁嘉煜
　　　　李国欣 钟 敏 曹 红

苏州大学出版社

图书在版编目(CIP)数据

孤独症儿童学前教育课程探索与教学实践／陈茜主编． 苏州：苏州大学出版社，2024.11．－－ ISBN 978-7 -5672-3501-4

Ⅰ．G766

中国国家版本馆 CIP 数据核字第 2024ET1640 号

Guduzheng Ertong Xueqian Jiaoyu Kecheng Tansuo Yu Jiaoxue Shijian
| 书　　名：孤独症儿童学前教育课程探索与教学实践
| 主　　编：陈　茜
| 责任编辑：金莉莉
| 封面设计：刘　俊
| 出版发行：苏州大学出版社（Soochow University Press）
| 地　　址：苏州市十梓街 1 号　邮编：215006
| 印　　装：镇江文苑制版印刷有限责任公司
| 网　　址：http://www.sudapress.com
| 邮　　箱：sdcbs@ suda.edu.cn
| 邮购热线：0512-67480030
| 销售热线：0512-67481020
| 开　　本：700 mm×1 000 mm　1/16　印张：8.5　字数：158 千
| 版　　次：2024 年 11 月第 1 版
| 印　　次：2024 年 11 月第 1 次印刷
| 书　　号：ISBN 978-7-5672-3501-4
| 定　　价：39.00 元

凡购本社图书发现印装错误，请与本社联系调换。服务热线：0512-67481020

序言
Preface

《教育强国建设规划纲要（2024—2035年）》提出学前教育与义务教育要普惠普及和优质公平。《中华人民共和国学前教育法》的颁布，给学前融合教育发展带来了新的契机。承载着对孤独症儿童这一特殊群体的深切关怀与责任担当，苏州市星惠学校编写了《孤独症儿童学前教育课程探索与教学实践》一书。

学前教育阶段，对于孤独症儿童的成长与发展而言，是极为关键的黄金时期。它不仅关乎孩子们早期的能力培养与发展，更是为他们未来融入社会、实现自我价值奠定基础。目前，孤独症儿童教育是整个特殊教育体系中"帮特困、扶贫弱、助急难、补短板"的"急中之急、重中之重、难中之难"。虽然社会对特殊教育的关注度不断提升，相关政策的支持力度持续加大，但仍然存在教育理念的更新滞后、教学方法不适切、课程体系不完善等现实困境，难以满足孤独症儿童多样化的发展需求。苏州市星惠学校的这本著作，深入剖析了孤独症儿童学前教育实践中存在的问题与挑战，立足中国特色，提出了中国本土化的教育理念与实践经验，极具学术与推广价值。

孤独症儿童学前教育，提倡在学前融合教育的环境下，建立符合孤独症儿童学习风格和能力优势的教育。这样一套科学、系统、实用的课程体系，既有利于幼儿园一线教师实际的课程实施，又满足了孤独症儿童的身心发展特点和特殊需求。

其次，书中还关注了友好幼儿园环境和班级文化建设，详细阐述了如何营造一个包容、接纳、关爱的教育环境，让孤独症儿童在这样的环境中感受到尊重与温暖，从而激发他们的学习兴趣和参与热情。合理的空间布局、丰富的教学资源、积极的师生互动,这些教育教学关键要素为孤独症儿童创造了一个有利于他们成长与发展的学习空间,是孤独症儿童能够顺利接受学前教育的重要保障。

在孤独症儿童情绪与行为问题干预方面,本书也进行了深入且细致的探讨。书中全面分析了情绪与行为问题产生的复杂原因,包括"环境不适应、自我刺激、获得注意、逃避或获得活动、焦虑、教学设计和教学策略问题、联觉等"。针对这些问题,苏州市星惠学校提出了科学预防、因材施教的干预策略,强调教师在干预过程中要遵循"最小调整、最少干预"的原则,巧妙地帮助孤独症儿童化障碍为优势。这一理念不仅体现了教育的专业性,更彰显了对孤独症儿童个体差异的尊重与关怀。书中丰富且真实的实践成果与案例,为理论提供了有力支撑。每一个案例都生动地诠释了教育的力量,这些实践成果充分证明,只要秉持科学的教育理念,采用科学、适宜的教育方法,孤独症儿童在学前教育阶段同样能够实现显著的发展与成长。

孤独症儿童同样是地球的孩子、祖国的花朵,孤独症儿童的发展性障碍只是一种特殊的生存状态,教育可以让孤独症儿童同样拥有美好的人生。希望通过本书,广大教育者能看到孤独症儿童身上的优点和潜力,读懂儿童,理解儿童,尊重儿童,让每一个孤独症儿童享有人生出彩的机会。

国家社科基金孤独症重大项目首席专家
浙江工业大学、南京特殊教育师范学院特聘教授

2025 年 3 月 8 日

目录

Contents

第一章　认识与了解孤独症儿童　/ 1

　　第一节　孤独症儿童的主要特征　/ 1
　　第二节　孤独症儿童的学前融合教育　/ 3

第二章　孤独症儿童学前教育的基本理念　/ 11

　　第一节　孤独症儿童学前教育的目的　/ 11
　　第二节　孤独症儿童学前教育的理念　/ 13
　　第三节　孤独症儿童学前教育高质量发展的有效策略　/ 15

第三章　孤独症儿童学前教育课程的目标与内容　/ 22

　　第一节　孤独症儿童学前教育课程指南与课程建构的逻辑起点　/ 23
　　第二节　孤独症儿童学前教育课程的目标制定　/ 26
　　第三节　孤独症儿童学前教育课程的架构与实施　/ 29
　　第四节　孤独症儿童学前教育课程内容与要求　/ 36

第四章　孤独症儿童学前教育教学实践——以小Q为例　/ 53

第五章　孤独症儿童友好幼儿园与班级建设　/ 60

　　第一节　孤独症儿童友好幼儿园的定义与重要性　/ 61

第二节　孤独症儿童友好幼儿园与班级的建设　/ 61

第六章　孤独症儿童的情绪与行为支持　/ 77

第一节　孤独症儿童的情绪与行为支持的重要性　/ 77

第二节　孤独症儿童情绪与行为问题的识别　/ 78

第三节　情绪调节策略　/ 82

第四节　行为干预方法　/ 85

第五节　总　结　/ 92

附录　孤独症儿童学前教育实践案例　/ 94

启智　润心　同行
　　——融合教育视角下孤独症儿童个别化教育策略　/ 94

幼儿园中班融合教育的实施现状及策略
　　——以张家港市某幼儿园为例　/ 98

重塑孤独症儿童社交图景
　　——"三线三互"策略的理论构建与实践创新　/ 103

"快！抓住情绪过山车的最高点"　/ 107

用音乐打开孤独症儿童的心灵　/ 110

爱无界限，心手相连：温暖孤独症儿童的心灵之旅　/ 113

和而不同，苔米花开
　　——孤独症儿童融合教育案例　/ 116

"悄"开一扇窗，期遇"心"的阳光
　　——对特殊需求儿童的追踪与介入　/ 119

对话：孤独症儿童社会情感学习的实践路径
　　——以大班孤独症儿童轩轩为例　/ 122

参考文献　/ 126

第一章

认识与了解孤独症儿童

第一节 孤独症儿童的主要特征

孤独症谱系障碍又称孤独症,其行为症状会以不同的方式和强度表现出来,不同个体之间表现出明显的差异。虽然不同的孤独症儿童所表现出来的具体障碍不同,但是存在着共同的特征。《精神疾病诊断与统计手册(第5版)》提到,孤独症人士至少在社会互动、沟通和行为模式等方面存在功能异常。

1. 社会互动障碍

社会互动障碍至少表现出下列各项中的两项:

(1) 在使用多种非语言行为(如眼对眼凝视,运用面部表情、身体姿势及手势)协助社会互动上有明显的障碍。

(2) 不能发展出符合年龄发展水平的同伴关系。

(3) 缺乏自发地与他人分享的能力。

(4) 缺乏社交或情绪互动。

案例1

当我第一次见到浩浩,和他打招呼时,我很快发现了他的不同之处:听到自己的名字,他头也不抬,眼睛也不会和别人对视,其他孩子喊他一起玩的时候,他也是爱搭不理,只是做自己的事情。

——昆山开发区夏驾幼儿园　荣锦雅

案例2

在和万万的相处中,我发现她对我的呼唤无动于衷,她的眼神中没有与我交流的迹象,这让我感到困惑。

——苏州市吴江区松陵幼儿园　陈　慧

2．沟通障碍

沟通障碍至少表现出下列各项中的一项:

（1）口头语言表达能力的发展迟缓或完全缺乏(未伴随试图以另外的沟通方式如手势或模仿来替代)。

（2）即便语言能力发展较好,但在引发或维持与他人的谈话上有明显的障碍。

（3）刻板及重复地使用语句,或使用特异的词汇和句子。

（4）缺乏玩与其发展水平相匹配的、多样化的、自发性的假扮游戏或模仿游戏的能力。

案例3

在跟小陈交流时,他经常不会与人目光对视,与人交流时没有过多的语言,经常用一个字、两个字回答,独自玩耍时喜欢"自言自语""念念有词",对单调的事物有着异常的兴趣。

——张家港市南沙幼儿园　承小霞

案例4

然然能咿咿呀呀地唱很多儿歌,也能认识很多动物,每天嘴里念叨的都是"长颈鹿""青蛙""猴子"。老师拿出长颈鹿的图片问然然:"这是什么?"然然模仿道:"这是什么?"老师和然然一起照镜子,老师指着镜子里的然然问:"这是谁?"然然能看着镜子,但是依然重复老师的话语:"这是谁?"他没有实质性的沟通,只是重复或者模仿老师的话。

——苏州市吴中区光福中心幼儿园　王丽华

3. 行为模式障碍

行为模式障碍至少表现出下列各项中的一项:

(1) 仪式化行为。指的是在日常生活中的某些活动上,以固定的模式重复进行。比如,饮食习惯、睡前或穿衣时的固定仪式等。

(2) 刻板行为。缺乏明确的目的,不断以相似的方式重复动作,比如,拍打手掌或者摇晃手掌、抖动手指等。

案例5

他的手里似乎总爱拿着一个物件,一会儿走到窗前,一会儿躺到地上,一会儿又在原地跑,仿佛永远没有停止的时刻。

——苏州太湖国家旅游度假区香山实验幼儿园　王沁雨

第二节　孤独症儿童的学前融合教育

学前阶段是孤独症儿童发展的关键时期,融合教育作为一种重要的教育理念,强调将孤独症儿童纳入普通教育环境,促进其与普通儿童的共同成长。

一、孤独症儿童学前融合教育的相关理论和概念

孤独症儿童学前融合教育,即在普通学前教育环境中,借助系统化教育支持与干预,促进孤独症儿童与普通儿童共学共长,实现其全面发展。该教育模式理论基础广泛,涵盖教育学、心理学、行为科学、社会学等,旨在保障孤独症儿童平等教育的机会,满足其个性化需求,并助力其融入社会与获得终身发展。学前融合教育的成功在于多学科理论的整合,需要平衡儿童的个体需求、社会互动与环境适应性。通过全纳教育理论、社会文化理论、生态系统理论、社会学习理论等,以及政策与法律的支持,学前融合教育能够为孤独症儿童提供一个公平、包容、个性化的学习环境,帮助他们在学业、社交、情感和自我认知等方面获得全面发展。

1. 全纳教育理论

全纳教育理论(Inclusive Education Theory)强调所有儿童,包括特殊需要

儿童,均应享有平等的教育权利,并在普通教育环境中接受适合其个体发展需求的教育。该理论倡导教育公平,反对任何形式的隔离式教育,认为特殊儿童与普通儿童在共同的学习环境中能够实现相互促进与发展。孤独症儿童学前融合教育采纳全纳教育理论,主张调整课程、策略及环境,以契合孤独症儿童的个性化需求。例如,教师依据孤独症儿童的感知特点,设计视觉材料辅助教学,助其理解内容。此外,该理论还强调通过同伴互动促进孤独症儿童的社会性发展,认为普通儿童的自然社交行为能够为孤独症儿童提供丰富的学习榜样。

2. 社会文化理论

社会文化理论(Sociocultural Theory)由维果茨基提出,认为儿童的发展是通过社会互动实现的,强调"最近发展区"和"支架式教学"的重要性。该理论指出,儿童在与能力更强的他人合作时,能够获得超出其独立能力范围的发展。在融合班级中,普通儿童作为能力更强的同伴,能够通过日常互动帮助孤独症儿童提升社交、语言和认知技能。例如,在小组活动中,普通儿童的自然社交模式为孤独症儿童提供了宝贵的模仿和学习契机,助力他们循序渐进地掌握社交规则与合作技巧。教师转变为引导者,借助精心设计的引导式互动,为孤独症儿童构建学习桥梁,以充分激发其潜能。这种基于社会互动的教学方式不仅能够帮助孤独症儿童在短期内提升技能,还能够为其长期的社会适应能力发展提供支持。

3. 生态系统理论

生态系统理论(Ecological Systems Theory)由布朗芬布伦纳提出,他认为儿童的发展受到多层次环境系统的共同影响,包括微观系统(如家庭、学校)、中观系统(如社区)、外层系统(如社会政策)和宏观系统(如文化背景)。该理论强调,儿童的发展是一个动态的、多系统交互的过程。在孤独症儿童学前融合教育中,生态系统理论的应用体现在构建积极的微观支持系统(如班级氛围、同伴互动),并促进家庭、学校、社区之间的协同合作,共同形成强大的教育合力。例如,学校可以通过家校合作项目,帮助家长更好地理解孤独症儿童的教育需求,并提供相应的支持策略。社区也可以通过组织社交活动,为孤独症儿童提供更多的社会融入机会。借助这种全方位、多层次的支持体系,孤独症儿童得以在更为多元和丰富的环境中实现全面发展。

4. 社会学习理论

社会学习理论(Social Learning Theory)由班杜拉提出,强调儿童通过观察、模仿他人行为进行学习,特别是"替代强化"和"榜样作用"在学习过程中的重要性。在孤独症儿童学前融合教育中,社会学习理论的应用具体体现在将普通同伴的社交行为作为孤独症儿童学习的榜样。例如,教师可以通过设计合作游戏、小组活动,为孤独症儿童提供观察和模仿普通儿童社交行为的机会。这种通过观察与模仿进行学习的方式,不仅能迅速提升孤独症儿童对社交规则和技能的掌握程度,还能有效增强他们的自信心,激发其社交动机。通过这种方式,孤独症儿童能够在自然的社交环境中逐步提升其社会适应能力。

5. 应用行为分析

应用行为分析(Applied Behavior Analysis)是一门科学,它基于学习理论,系统地采用干预措施来改善并提高具有显著社会意义的行为,并通过实验证明行为的改善源于所应用的干预措施。最早应用应用行为分析原理的是美国的洛瓦斯。研究显示,通过应用行为分析疗法训练,孤独症儿童在感知觉、躯体运动、交往、语言和生活自理能力五个维度均有大幅的提升。此外,应用行为分析还结合自然情境教学,将技能训练融入游戏和日常活动中,以培养儿童的技能。教师可以在自由游戏时间引导孤独症儿童参与同伴互动,通过即时强化帮助其掌握社交规则。通过这种系统化的干预方法,应用行为分析不仅能够帮助孤独症儿童在融合环境中更好地适应,还能够为其未来的生活和学习提供坚实的基础。

6. 神经多样性视角

神经多样性视角(Neural Diversity Perspective)认为,孤独症是神经发育多样性的一种表现,应尊重差异而非"矫正"。该视角强调,孤独症儿童的神经发育特点不应被视为缺陷,而应被视为一种独特的个体差异。在融合教育中,这种视角的应用体现在关注孤独症儿童的优势,并通过环境适应而非强制改变来支持其发展。例如,教师可以使用视觉提示等,帮助孤独症儿童更好地适应学习环境。通过这种方式,孤独症儿童能够在支持性的环境中充分发挥其潜力,同时保持其独特的个性。

7. 发展适应性实践

发展适应性实践(Developmentally Appropriate Practice,DAP)强调教育需要符合儿童的年龄、个体需求和文化背景,以促进其全面发展。在孤独症儿童学前融合教育中,发展适应性实践的应用体现在根据孤独症儿童的认知和社交发展阶段,设计差异化教学目标。例如,教师可以依据孤独症儿童的感知觉特点,设置感官友好的环境,如安静角和柔光照明,以控制感官刺激,从而减少过度刺激对他们产生的影响。研究显示,在多感官环境中,当孤独症儿童能够控制感官设备时,他们的注意力会更集中,他们会减少重复性行为。通过这种方式,发展适应性实践不仅能够满足孤独症儿童的个性化需求,还能够为其提供符合其发展水平的教育支持,促进其在各个领域的均衡发展。

8. 早期干预

早期干预(Early Intervention)是指针对 0~6 岁出现或可能发展为发育迟缓、身心障碍或高危状态的儿童,通过有组织、有目的的教育、康复、心理等方面的综合服务,促进其在生理、心理、社会适应等方面的发展,最大限度地挖掘其潜能,以减少未来障碍形成的可能性或减轻障碍程度。早期干预是孤独症儿童教育的关键环节。研究表明,早期干预可以显著改善孤独症儿童的症状,提高其生活质量。早期干预通常包括行为疗法、言语和沟通训练、社交技能培训等,旨在帮助孤独症儿童发展基本的生活技能,减少问题行为。在学前阶段实施早期干预,能够为孤独症儿童提供丰富的社交环境和学习机会,促进其全面发展。

9. 个别化教育

个别化教育(Individualized Education)是一种关注学生个体差异、强调因材施教的教育理念。它认为每个学生都是独特的个体,拥有不同的学习需求、兴趣、能力和学习风格。因此,教育应该根据学生的个别差异进行有针对性的教学,以最大限度地发挥每个学生的潜能。个别化教育强调尊重每个学生的独特性,包括他们的学习需求、兴趣、能力、学习风格等。为每个学生设定符合他们实际需求和发展水平的教学目标,以激发他们的学习潜力。个别化教育理论主张采用灵活的教学组织形式,如小组教学、个别辅导等,以满足不同学生的需求。

二、孤独症儿童学前融合教育的教育模式

1. 全融合模式

全融合模式主张孤独症儿童完全融入普通学前教育机构,与普通儿童一同接受教育。在该模式下,普通幼儿园不单独设立特殊教育班级或资源教室,孤独症儿童全天在普通班级中学习与生活。其优势在于为孤独症儿童提

供自然且典型的语言社交环境,有助于促进他们的社会交往能力的发展,并减少因特殊身份而产生的标签化现象。然而,全融合模式的实施面临诸多挑战,教师必须具备较高的专业素养,同时普通班级也需要有充足的教学资源与支持体系作为保障。

2. 部分融合模式

部分融合模式是指孤独症儿童部分时间在普通学前教育机构参与活动,部分时间在特殊教育机构或康复中心接受专门的训练。例如,孤独症儿童上午在普通幼儿园参与集体活动,下午前往康复中心进行一对一干预。这种模式兼顾了孤独症儿童的特殊教育需求与普通教育环境的融入,降低了普通幼儿园的教育压力,同时也为孤独症儿童提供了针对性的支持。然而,频繁转换场所可能会使孤独症儿童面临适应困难,因此需要教育机构之间的密切合作,以确保教育的连贯性与一致性。

3. 反向融合模式

反向融合模式是指普通儿童到特殊教育机构与孤独症儿童共同开展活动。例如,普通幼儿园定期组织普通儿童到特殊教育学校,与孤独症儿童一起参与游戏、手工等活动。该模式有助于促进两类儿童之间的相互理解与接纳。但特殊教育机构需要调整活动内容与改善环境,以满足不同儿童的需求,同时普通儿童的参与时间和频率也需要合理安排,以确保活动的有效性与可持续性。

4. 资源教室模式

在资源教室模式下,普通学前教育机构设立专门的资源教室,并配备特殊教育教师与专业设备材料。孤独症儿童大部分时间在普通班级随班就读,当遇到学习困难或需要特殊训练时,到资源教室接受个别辅导与支持。该模式具有较高的灵活性,能够为孤独症儿童提供个性化的教育支持,同时又使其不脱离普通的班级环境。然而,资源教室的建设与运营成本较高,需要合理安排特殊教育与普通教育的时间,以确保资源的有效利用。

5. 合作教学模式

在合作教学模式中,普通教师与特殊教育教师组成教学团队,共同为孤独症儿童和普通儿童授课。两位教师根据各自的专业专长进行分工协作,例如,普通教师负责整体教学活动的设计与实施,特殊教育教师则为孤独症儿童提供个性化的支持与辅导。此模式充分发挥了两类教师的优势,有助于提高教育质量,但要求教师之间具备较强的沟通与协调能力,并建立有效的合作机制,以确保教学活动的顺利开展。

6．家长参与模式

家长参与模式强调家长深度参与孤独症儿童的学前融合教育。家长不仅在家庭环境中配合学校教育,还直接参与幼儿园的教学活动,如协助教师组织活动、辅导孩子等。家长的参与能够为孩子提供熟悉的支持环境,增进亲子关系,同时也让教师更好地了解孩子的家庭情况,从而为教育提供更有针对性的建议。然而,这种模式可能会增加家长的压力,因此需要幼儿园为家长提供系统的培训与支持,帮助其更好地参与孩子的教育过程。

三、孤独症儿童学前融合教育的实施要点

(一) 个别化教育计划：精准满足个体需求

个别化教育计划是实施孤独症儿童学前融合教育的关键环节。教育工作者需要对孤独症儿童进行全面评估,了解其在语言、社交、认知、行为等方面的特点。在此基础上,制定具体的教育目标和干预措施,确保教育计划的针对性和有效性。

个别化教育计划的实施包括以下四个步骤。

1．资料收集

收集评估结果、专业人员的建议、家长的期望和日常的观察等信息。

2．目标制定

根据评估结果,制定长期和短期的教育目标。

3．教育内容设计

根据教育目标,设计符合孤独症儿童特点的教育内容和方法。

4．实施与监测

将教育计划付诸实践,并定期监测和评估教育效果,根据实际情况调整教育计划。

(二) 校园环境优化：营造包容与支持的氛围

校园环境对孤独症儿童的融合教育具有重要的影响。幼儿园应从物理环境和人文环境两个方面入手,为孤独症儿童营造一个包容与支持的氛围。

1．物理环境优化

调整教室布局,提供安静的休息区,使用柔和的灯光和色彩,减少视觉刺激

2. 人文环境营造

教师和工作人员需要接受相关的培训,了解孤独症儿童的特点和需求,掌握与他们互动的技巧。同时,通过开展多样化的融合活动,促进孤独症儿童与普通儿童之间的交流和互动。

(三) 教师专业培训:提升教育质量的关键

教师是实施孤独症儿童学前融合教育的核心力量。教师的专业素养和教育能力直接影响融合教育的质量和效果。因此,开展针对教师的专业培训是实施学前融合教育的重要保障。

教师培训应涵盖多个方面,包括孤独症的基础知识、教育理念、教学方法、行为管理技巧等。通过系统的培训,教师能够深入了解孤独症儿童的特点和需求,掌握有效的教育策略和干预方法。同时,教师培训还应注重实践操作能力的提升,通过案例分析、角色扮演、实地观摩等方式,教师在实践中掌握具体的教育技巧和方法。

五、孤独症儿童学前融合教育的原则

(一) 可接近性:保障教育机会平等

可接近性是衡量孤独症儿童学前融合教育质量的基本特征之一。可接近性强调孤独症儿童能够自由地使用幼儿园的各种设施和参与各种活动,确保他们在教育机会上享有与普通儿童平等的权利。

在具体评价过程中,可接近性主要体现在以下三个方面。

1. 设施和环境无障碍

幼儿园的设施和环境是否为孤独症儿童提供了便利,例如,教室和活动场地是否无障碍,是否配备了适合孤独症儿童使用的辅助设备。

2. 课程和活动安排合理

幼儿园的课程和活动安排是否充分考虑了孤独症儿童的需求,是否为他们提供了个别化的学习计划。

3. 教师和工作人员支持及时

教师和工作人员是否能够为孤独症儿童提供及时的帮助和指导,确保他们能够顺利参与幼儿园的各项活动。

(二) 支持性:构建全方位支持体系

支持性是衡量孤独症儿童学前融合教育质量的另一个重要特征。支持性强调为孤独症儿童构建一个从教师到家长的完整的支持体系,确保他们在学习和生活中能够得到全方位的支持和帮助。

在评价支持性时,主要关注以下三个方面。

1. 教师专业素养

教师是否具备足够的专业知识和技能,能够为孤独症儿童提供有效的教育支持。

2. 资源配备充足

幼儿园是否为孤独症儿童提供了足够的资源和支持,例如,是否配备了专业的康复设备和辅助工具。

3. 家长参与积极

家长是否积极参与孤独症儿童的教育过程,与教师保持良好的沟通和合作。

(三)参与度:促进社交与学习发展

参与度是衡量孤独症儿童学前融合教育质量的重要指标。参与度强调孤独症儿童能够有意义地参与幼儿园的活动,包括游戏、学习和社交互动。

第二章 孤独症儿童学前教育的基本理念

第一节 孤独症儿童学前教育的目的

孤独症儿童学前教育的核心宗旨,在于通过早期干预及支持措施,促进其在认知、社交、情感、行为等多方面的全面发展,为其未来的学习与生活奠定坚实的基础。学前教育不仅要关注儿童当前的发展需求,还要着眼于其长远发展与社会融入。

1. 促进社交能力的发展

孤独症儿童在社交互动方面经常遭遇挑战,他们可能难以理解社交信号或在与他人互动时感到不适。在学前教育阶段,主要通过组织结构化的活动与游戏,助力孤独症儿童掌握基础的社交技能,如眼神交流等。教师要设计特定的社交情境,引导孤独症儿童在安全的环境中练习和体验,从而逐步增强其社交互动的信心和能力。

通过教育活动,增进孤独症儿童对他人情感与意图的理解,逐步培养其融入集体环境的能力。例如,通过角色扮演和情景模拟,孤独症儿童可以学习如何在不同的社交场合做出适当的反应,从而在实践中提升社交能力。

2. 提升沟通与语言能力

孤独症儿童在语言发展和沟通方面存在障碍,他们可能难以用语言表达自己的需求和感受,或在理解他人的言语时遇到困难。在学前教育阶段,主要通过语言训练和辅助沟通工具等手段,促进孤独症儿童表达与理解能力的发展。教师要采用多样化的教学方法,如视觉支持、符号系统和电子设备,以适应孤独症儿童的学习风格。

鼓励孤独症儿童采用语言或非语言方式与他人进行交流,以减少由沟通障碍所引发的问题行为。例如,通过绘画、手势等,孤独症儿童可以找到适合自己的沟通方式,从而在与同伴和成人的互动中更加自信和自在。

3. 提高行为管理与情绪调节能力

孤独症儿童可能表现出重复、刻板的行为或情绪波动,这可能源于他们对环境变化的敏感性或对日常常规的依赖。学前教育通过行为干预策略(如正向强化)辅助孤独症儿童学会自我调节。教师要制定明确的行为目标,并通过一致的反馈和奖励机制,帮助孤独症儿童识别和管理自己的情绪和行为,培养他们适应环境变化的能力,减少其焦虑和挑战性行为的发生。例如,通过建立日常例行程序和使用情绪调节工具,如情绪卡片或呼吸练习,孤独症儿童可以学会在面对压力或变化时采取适当的应对策略。

4. 发展认知与学习能力

学前教育通过个性化的教学计划,助力孤独症儿童发展认知与学习能力,掌握基础的学习技能。教师要根据每个孤独症儿童的兴趣和能力,设计富有吸引力的教学活动,以激发其学习动机,提升其学习参与度。

通过游戏和活动激发孤独症儿童兴趣,推动其认知能力的全面发展。例如,通过拼图游戏、科学实验或音乐活动,孤独症儿童可以在玩乐中学习数学概念、科学原理等,从而在愉悦的氛围中提升自身的认知能力。

5. 增强生活自理能力

孤独症儿童在日常生活技能(如穿衣、进食、如厕)方面可能面临挑战,这不仅影响他们的独立性,也对其自尊心造成打击。学前教育通过反复练习和视觉支持,帮助孤独症儿童逐步掌握这些技能。教师要创建一个支持性的学习环境,鼓励孤独症儿童在日常生活中实践和巩固所学技能。

要培养孤独症儿童独立性,为其未来融入社会做好准备。例如,通过角色扮演和生活技能课程,孤独症儿童可以学习如何在家庭和学校环境中独立地完成任务,从而增强自主生活的能力。

6. 获得家庭的支持

孤独症儿童学前教育不仅关注孤独症儿童的发展,也重视家庭的支持与参与。通过家长培训和家庭指导,帮助家长掌握有效的干预策略,构建家校协作的教育模式。教师要定期与家长沟通,分享孤独症儿童在学校取得的进步,分析他们遇到的挑战,并为家长提供针对性的建议和支持。

7. 为未来教育奠定基础

学前教育是孤独症儿童进入普通学校或特殊教育学校的重要过渡阶段。通过早期干预,助力孤独症儿童适应学校环境,减少他们在未来学习中遇到的困难。孤独症儿童学前教育阶段注重幼小衔接,确保他们在进入新环境时能够得到必要的支持。

孤独症儿童学前教育的核心目标在于通过科学、系统的干预措施,在关键发育阶段促进他们获得最大程度的进步,提高他们生活质量,并为他们的未来的学习和社会融入创造更多的可能性。这一过程需要教育工作者、家庭成员和社会各界的共同努力,为孤独症儿童营造一个包容、支持的成长环境。

第二节 孤独症儿童学前教育的理念

在孤独症儿童教育领域,目前还存在着对孤独症儿童了解不够、忽视融合教育的重要价值、个别化教育效果不佳等状况。这些不仅影响孤独症儿童的教育实践,也深刻地影响着社会对孤独症儿童教育价值的认知。因此,我们应进一步探析孤独症儿童学前教育的目的、存在的问题,并梳理出有效的策略。

孤独症病理特征显著且复杂,因此,许多孤独症教育工作者乃至专业人士往往将注意力集中在如何减轻或消除孤独症的症状上,而忽视了孤独症儿童作为独立个体的成长需求。比起教育的长期性和复杂性来说,康复干预的成效往往更为直观和易于衡量,如感统训练能使孤独症儿童的手眼协调能力明显增强,语言治疗在提高孤独症儿童表达能力上也有作用,等等。但这种直观的效果反馈可能造成人们对教育引导价值的忽视。因此,在进行康复干预时,也应兼顾教育引导的作用。

1. 树立全面发展的教育理念

孤独症教育工作者应该充分认识到孤独症儿童的教育是一个综合性的工程,既要关注孤独症儿童症状的改善,也要重视孤独症儿童的全面发展。在教育实践中,要平衡康复干预和教育引导之间的关系,确保孤独症儿童在多个维度上都能得到充分的支持和引导。

2. 加大教育引导的力度和深度

为孤独症儿童制订个性化的教育计划,要充分考虑到孤独症儿童的特殊需求和发展潜力,从认知训练到情感支持再到社交引导等各个方面的内容都要有所涉及,确保孤独症儿童在各方面都能得到比较全面的发展,同时也要加大教育引导的力度和深度,保证这些计划得到有效的实施,并取得明显的成效。从这一点上来说,对于孤独症儿童,教育上的针对性是非常重要的。

对孤独症儿童进行教育是一个复杂而长期的过程,需要家庭、学校、社会等各方面主体的通力合作与支持。为使孤独症儿童得到更加包容、支持、有爱的成长环境,应该加强这些主体之间的沟通与协作,以建立家校合作机制,定期交流孤独症儿童的教育情况和学习情况;也可以组织社区活动,促进孤独症儿童与社会的互动与融合等。

3. 提高与加强社会对孤独症儿童教育的认知和理解

提高与加强社会对孤独症儿童教育的认知和理解的主要途径是宣传和教育,使更多的人了解到孤独症儿童的特殊需求和发展潜力,以及教育引导在其中所起到的重要作用,消除社会对孤独症儿童的偏见和歧视,为他们创造一个更加公平、包容、友爱的社会环境。通过这种方式,更多的孤独症儿童可以得到良好的教育和引导,从而帮助他们更好地融入社会。

4. 加强专业培训和研究

孤独症儿童教育领域的专业培训和研究工作水平迫切需要提升,以使从业人员的专业素养和教育水平得到更好的提高。同时,开展专业培训和研究能够更好地认识孤独症儿童的特殊需求和发展规律,学习教育引导的有效方法与策略,并因此能够为孤独症儿童提供更加科学、有效的教育支撑。因此,当前迫切需要开展相关方面的专业培训与研究工作。

5. 重视真实生活泛化

近年来,关注孤独症儿童真实生活泛化问题的学者越来越多。他们认为,对于孤独症儿童教育而言,真实生活的泛化既是重要的教育目标之一,也是教育效果的重要衡量标准之一。例如,美国学者道森等人(2007)在《孤独症谱系障碍的干预与治疗》一文中指出,为了提高孤独症儿童的社会适应能力和生活质量,孤独症儿童的教育应着重于在日常生活中将训练成果转化为实际能力。在实际操作上,一些国家和地区已经开始尝试在孤独症儿童的教育体系中泛化现实生活。例如,英国的生活技能课程,就强调在真实的生活情境中,为提高孤独症儿童的自理能力和社交能力而进行教学与训练。此外,部分康复机构和学校也开始鼓励孤独症儿童参与社区活动和其他社会实践活动,以提升他们融入社会、发展独立生活的能力。孤独症儿童的核心障碍在于社交沟通、行为模式、兴趣范围等方面,这些障碍严重影响了他们与周围环境的互动和对周围环境的适应能力。因此,仅仅在特定环境中进行康复训练是远远不够的,必须将这些训练成果转化为日常生活中的实际能力。真实生活泛化不仅能够提升孤独症儿童的社交技能和自理能力,还能增强他们的自信心和独立性,为他们未来的学习和生活奠定坚实的基础。

第三节 孤独症儿童学前教育高质量发展的有效策略

一、有效利用园本课程和一日活动

孤独症儿童的学前教育须以个体化需求为核心,将孤独症儿童的教育和干预整合进一日活动之中,在幼儿园园本课程的基础上构建结构化、多维度融合的课程体系。课程设置应结合幼儿园园本课程与个别化教育,涵盖语言、认知、社交、生活自理等领域。教师可以在一日生活中的各个时段提供学习机会。

案例1

在小Q的个别化教育计划中,我们尝试将其社交技能的干预和一日活动中的所有环节相结合。比如,在入园期间,为了帮助她和同伴互动,我们邀请她作为签到墙的值日生;在户外游戏活动期间,为了评估她的游戏水平,我们为她选择友好同伴。

——苏州市高新区实验幼儿园 沈晓佳

幼儿园的一日活动能够为孤独症儿童提供与教师、同伴建立关系的机会。一日活动中的社交互动是有规律且可预测的互动,正是孤独症儿童提升社交能力、交流情感的重要机会。

二、建立专业人员之间的有效合作关系和协同机制

孤独症儿童教育发展的多重需求,是提供多重支持和跨专业服务的前提。根据《中国孤独症家庭需求蓝皮书》调查,家长需求集中在社会保障需求、康复教育需求、家长心理支持需求、专业培训和获取咨询需求、家庭维权需求等方面。调研发现,家长对物理环境的要求、适应性需求、教育需求、相关专业服务和家庭、社区支持的需求,背后涉及多个主体的协同参与,涵盖了政府部门、学校教育机构、医疗机构、康复机构、社区服务机构等,这些主体共同服务于孤独症儿童家庭教育、学校教育乃至他们的终身发展。目前,其中主要的协调资源角色由家长承担,家长在整个支持系统中协调资源的能力有限,且更多的时候处在被动状态中,而学校建立的融合教育工作组以校内开展融合教育工作为主,难以较好地协调与利用社会资源,一旦各相关方发生理念冲突,则会使孤独症儿童的教育康复进程受限,甚至对其融合教育质量产生较大的影响。孤独症儿童发展对多重支持的迫切需求,需要跨专业服务团队的加持,更需要明确服务的主体、内容和策略。

学前孤独症教育协同机制是指在不同教育主体(包括家庭、幼儿园、社区、医疗机构等)之间建立的一种合作与互动模式,旨在为孤独症儿童提供全方位、个性化的教育支持。教育资源的协同与创新是提高教育质量和促进孤独症儿童全面发展的关键所在。

面对协同主体不明确、协同内容形式化、协同进程冲突化等现状,结合对国内外相关文献的梳理,提出孤独症儿童融合教育协同育人的跨专业服务合作标准。

1. 协同沟通

具备必要的协作技能、有效的人际交往技能和专业素养是非常重要的。孤独症儿童融合教育协同育人跨专业服务需要具备跨专业服务的能力,如有效的沟通、人际交往技能、共情和同情心、共同的道德原则和价值观,以及通过文化敏感性和响应性表现出的职业谦逊,与其他行业的专业人员一起工作,相互尊重。及时告知个案干预措施的变化、建立有效的沟通渠道、定期召开会议、做到个案相关数据共享、避免使用特定的专业术语等都可视为协同沟通的具体标准。协同沟通是开展跨专业服务的基础,有利于营造平等、合作、尊重的氛围,开展合作交流、信息共享、主动沟通。

2. 确定角色定位

在孤独症儿童的教育和康复过程中,教师或者康复师等可能存在重叠的作用,使得角色边界复杂,难以明确每个专业人员的职责。专业角色的歧义可能导致工作量不平衡和职业倦怠等。因此,协作团队应根据个案的服务进程确定每个成员的角色定位,明确其相应职责,各成员通过提升自身领域的专业技能来更好地发挥自己的职责。其中,协调人的角色尤为重要,负责监督协同育人进程,促进协同项目进展,促进成员之间的进展,并在需要时帮助解决冲突。各专业人员就治疗计划和干预目标做出协作决策,每个团队成员都明确自身学科的相关知识,并根据自己的优势在孤独症融合教育过程中提供建议,做到相互尊重。

3. 避免冲突

无效的合作会导致人际摩擦,如敌意竞争、沟通中断等,从而损害各从业人员的信誉;不良的合作也可能对孤独症儿童的教育康复过程和干预结果产生负面的影响。跨专业服务有利于孤独症儿童周边的利益相关者利用自身独特的专业知识,带来更好的教育康复实践。但是,在合作中常常发生冲突,因为相关角色可能有着不一样的核心价值观、基本目标及干预方法。因此,有效地克服合作的障碍、避免合作冲突和提出相应的冲突解决方案非常重要。具体来说,协调人应安排相关会议,提出解决冲突的方案,并达成一致协议,做到重视冲突、及时解决、公开讨论、形成决策。

4. 坚持循证本位

孤独症儿童融合教育协同育人应坚持循证本位的教育实践,树立正确的教育干预观念,相应的教育或者干预方法应该有效、合理、可行,并在取得个案家长同意后收集相关的数据,进行数据分析,以证明干预的有效性。尽管各个学科领域有其独特的干预理念与方法,在协同育人团队中,应采用取得一致认同的干预措施,特别是采用综合性的干预方法。因此,团队应利用系统评价和元分析等,对特定干预措施进行分析,以确定干预的有效性。循证本位实践的合作标准保障了各学科在孤独症融合教育中的专业性,坚持用数据说话也是避免冲突的有效措施。

5. 倡导协作文化

协作文化是指一种组织或团队中成员之间通过合作、共享和互助的方式来实现共同目标的一种文化氛围。各团队成员应树立专业发展的意识,保持一致的职业道德标准和合作目标,凝聚多专业的学科力量,形成一个有凝聚力和协作的团体,发挥各自优势的同时达成一致的目标。跨专业服务的成员之间以一种互惠的标准展开合作,通过参与、对话和信息共享达成合作。

案例2

在小元的入园适应阶段,我们意识到了早期干预的重要性,于是和家长沟通,了解他们在康复机构干预的情况,定期沟通个别化教育的进展,同时也将小元在幼儿园的情况反馈给康复机构。

——苏州市相城区湘城中心幼儿园　陈　聪

三、积极培养孤独症学前教育教师

对孤独症教育领域而言,师资水平的高低是决定孤独症儿童能否较好成长的重要因素。但在现实中,无论是师资力量的短缺问题,还是培训质量参差不齐的问题,在孤独症教育领域多多少少都存在着。因此,在培养师资和提高培训质量的同时,要充分考虑到孤独症教育的实际需求和内容。

孤独症教育的专业性比较强,对教师的专业要求比较高,教师尤其要掌握特殊教育心理学、行为学等方面的专业知识。但目前我国孤独症教育专业人才的培养体系还不是很健全,这就造成了市场上合格的孤独症教育师资比较缺乏的局面。某特殊教育学校在调研中也表示学校在孤独症学生教育与康复方面面临着师资力量不足的严峻问题,特别是经济欠发达地区和农村地区,由于师资力量比较缺乏,很难满足孤独症儿童的基本教育需求。

研究表明,我国孤独症康复机构师资队伍的稳定性、专业能力和职业满意感都处于较低水平,甚至有研究发现仅有18.3%的教师能够清楚地了解孤独症儿童的主要症状,有些教师虽然有相关的证书或学历,但对孤独症儿童的教学工作缺乏实际的教学经验或专业知识不够扎实,很难胜任教学工作。此外,教师还需要有高度的耐心、爱心和责任心,因为孤独症教育的特殊性,要求教师有较高的职业素养。

目前,孤独症教育的专业培训内容经常会出现与实际需要脱节的情况。一方面,是因为有些训练内容理论性太强,缺乏操作性;另一方面,培训内容也需要不断更新和完善,因为随着孤独症的研究越来越深入,教育理念也在不断涌现。但很多培训机构由于资源有限、观念滞后等因素，培训内容陈旧，不合时宜，难以跟上时代发展的步伐。目前，国内的孤独症教育培训内容涉及基础知识、部分评估工具的使用、应用行为分析、感统训练、语言干预策略、结构化教学等针对孤独症儿童的教育干预策略等。以行为主义理论为基础的干预策略是培训主要采取的策略，但是陷入了"康"重于教的误区，和实际融合教育的推进相背离。

制约培训质量的重要因素，除了内容的问题，还有培训的形式。目前，我国培训多为短期的大规模培训，多采用传统的讲授式教学方式，部分培训也为参训教师提供实操和个别指导环节，依旧缺乏互动性和实践性。近年来，虽然培训更加立足真实的训练情境，高度重视专业示范，但讲授式教学仍是许多孤独症教育专业培训的教学方式。这种单一的培训形式，既不能满足教师多样化的学习需求，又难以激发教师的学习兴趣和热情。因此，须探索灵活多样的培训形式。

要解决孤独症教育师资匮乏问题，需要加大培养孤独症教育专门人才的工作力度。一是靠高校多增设相关专业并扩大招生规模来加大人才培养数量，如南京特殊教育师范学院开设孤独症儿童教育专业；二是采取校企协作等多种形式来提高人才培养的质量；三是通过发挥社会能动主体的作用建立多元化的师资培养制度。这样，既能解决目前师资匮乏的问题，又能使人才培养质量有进一步的提升。

提高培训的质量有两方面的工作要做：一是针对孤独症教育教学的实际需要和发展趋势，对培训内容进行更新和完善；二是采取灵活多样的培训形式和方法，以激发参训人员的学习兴趣和工作热情，如采取互动性强的授课方式；三是结合运用现代信息技术手段进行学习，扩大培训的覆盖面。

建设系统化的培训体系。首先，要对各环节的培训目标和内容做到心中有数；其次，要加大各环节间的有机联系和衔接配合力度；最后，要对培训效果进行客观评价，并建立科学的考核评价机制。对培训效果进行客观评价，有利于对培训体系进行及时的调整和优化。

政府和相关部门要加强政策支持和资金保障，具体做到以下两个方面：一方面，出台有关孤独症教育师资与专业培训重要性及相关地位的政策文件；另一方面，加大资金投入力度，为师资培养和专业培训提供必要的经费支撑。同时，为保证各项政策措施能够得到有效的落实和执行，还需要加大监管力度。

案例3

从建立融合教育资源中心开始,我们就一直在培养专职的资源教师,但是这两年来幼儿园的孤独症儿童呈现增多的趋势。为了能进一步具备孤独症教育的相关专业能力,2024年,我们将1名教师转岗为孤独症教育的协同教师,她以"影子老师"的身份为孤独症儿童提供助教陪读,同时也参与班级的课程调整。

——苏州市高新区实验幼儿园　曹　红

四、家庭积极参与和支持

孤独症儿童在社交沟通和行为方面存在明显障碍,这就使他们特别依赖能具备稳定性和支持性的环境来促进自身的成长与发展。作为孩子成长的第一环境——家庭,其稳定性和支持性对孤独症儿童尤为重要,因为一个充满爱心、理解、包容的家庭氛围,能够帮助孤独症儿童建立安全感,减轻其焦虑与恐惧,从而为他们的训练和发展创造有利的条件。

家人能深入了解孤独症儿童的需求和特征。在实际生活中,家长通过每天的陪伴与互动,能帮助孤独症儿童巩固在学校学到的知识,并加以延伸和拓展。同时,家长可以结合孩子自身兴趣与特点设计一些既有趣又富有挑战性的活动。例如,一位家长通过观察发现孩子对音乐特别感兴趣,于是与专业人士合作制订了以音乐为主题的训练计划,取得了显著成效。

孤独症儿童在成长过程中,常常在情感和行为方面遇到问题。由于无法理解他人的情感和需求,或者不能表达自己的情感和想法,他们更加需要家庭成员在情感上的支持和心理上的抚慰,以帮助他们克服这些困难。

家庭成员可以通过耐心倾听孤独症儿童,给予他们情感上的支持与安慰;同时,通过正面的回馈与鼓励来帮助孤独症儿童保持稳定的情绪。这种情感上的支持也能促进孤独症儿童发展社交技能,以解决他们的情绪问题。

案例4

家校合作促进孤独症儿童语言发展

背景:小刚是一名语言发育迟缓、与人难以有效交流的5岁孤独症儿童。

措施:采用家校沟通、家庭训练、学校支持等措施来促进小刚的语言发展。

家校沟通:学校的特殊教育老师和小刚的父母密切联系,一起对小刚的语言问题进行分析,制定语言训练的个性化方案。

家庭训练:按照训练计划进行日常语言学习。在家中,父母可以对小刚进行语音发音的教学,并充分利用生活中的各种场景让小刚进行语言练习,如在购物时教孩子说"我要买""谢谢妈妈"。如有可能,在家庭训练过程中也可以根据孩子的不同情况,进行一些针对性的语言训练。

学校支持:学校为小刚提供个别化教学计划,安排专门的言语治疗师进行定期评估和辅导。另外,学校还采取多种方式为小刚提供语言实践的机会,如组织集体活动等。

成效:经过半年的家校合作训练,小刚的语言能力有了很大的提高,能够说出比较基础的句子,并且对他人的指令有了很好的反应。另外,小刚的社交能力也有了一定的提高,小刚开始愿意主动与他人进行互动,并乐于将自己的想法与他人分享。

综上所述,在孤独症儿童的教育中,家庭起着举足轻重的作用。有稳定性和支持性的家庭环境是实施个性化训练计划、给予情感支持和心理抚慰的重要保障,要充分发挥家庭在孤独症儿童教育中所起的独特作用。

第三章
孤独症儿童学前教育课程的目标与内容

　　孤独症儿童学前教育根据孤独症谱系障碍儿童身心发展规律,建立相应的教育体系,旨在有效激发孤独症儿童的学习潜能。为深入而有效地推进孤独症教育,使孤独症儿童在孤独症专门幼儿园、融合教育幼儿园及特殊教育学校均能享受到普惠优质的教育,根据《"十四五"特殊教育发展提升行动计划》《幼儿园教育指导纲要(试行)》《3—6岁幼儿学习与发展指南》(以下简称《指南》)要求,遵循孤独症儿童学前教育的基本规律,建构适合孤独症儿童的学前特殊教育课程,以实现最大程度的个别化支持,提供整合性服务。

　　孤独症儿童学前教育课程的建构,也是当代教育领域面临的一个重要课题。这不仅关乎孤独症儿童自身的成长与发展,也关系到整个教育体系的建设。

　　学前孤独症儿童在社交、语言和认知方面存在明显障碍,他们往往难以理解他人的情感和意图,难以适应集体生活。这些特点使得他们在传统教育环境中面临诸多挑战,如难以融入集体,难以理解和遵守规则,等等。

　　融合教育的核心理念是让所有儿童,无论其能力如何,都能在同一教育环境中共同学习和成长。然而,对于学前孤独症儿童来说,融合教育课程的实施面临着诸多挑战。如何在确保他们得到适当支持的同时,又能促进他们与同伴的互动和融合,是我们在课程建构中需要重点考虑的问题。

　　学前阶段是儿童发展的关键时期,对于孤独症儿童而言,这一时期的融合教育尤为重要。通过科学的课程设计,帮助孤独症儿童逐步融入集体,提升他们的社交能力和自我适应能力。

　　孤独症儿童学前教育课程的建构还能促进教育公平。通过为孤独症儿童提供与普通儿童相同的教育机会和资源,可以消除教育中的歧视现象,每个孩子都能在平等的教育环境中成长和发展。

尽管融合教育理念已经得到广泛的认同，但在实际操作中仍存在诸多不足。首先，很多孤独症儿童学前教育课程缺乏针对性，没有充分考虑到孤独症儿童的特殊需求和学习特点。这导致课程内容与实际需求脱节，难以达到预期的教学效果。其次，孤独症儿童学前教育课程的实施需要专业教师和设施支持，但目前这方面的资源仍显不足。很多地区缺乏专业的融合教育教师和相应的教育资源，这使得孤独症儿童学前教育课程的实施面临困难。最后，当前孤独症儿童学前教育课程在教学方法和手段上也亟待创新。传统的填鸭式教学和单一的评估方式往往无法满足孤独症儿童的学习需求。因此，我们需要探索更加多元化、个性化的教学方法和评估手段，以适应这些孤独症儿童的特点和发展需求。

第一节 孤独症儿童学前教育课程指南与课程建构的逻辑起点

一、孤独症儿童学前教育课程与《指南》的关系

1. 《指南》是建构孤独症儿童学前教育课程的重要依据

《指南》是中国教育部为促进幼儿全面、科学的发展而制定的指导性文件，旨在帮助家长和教师了解幼儿在不同年龄段的发展规律，并提供具体的教育建议。

《指南》从健康、语言、社会、科学、艺术五个领域描述幼儿学习与发展的情况，分别对3～4岁、4～5岁、5～6岁三个年龄段末期的幼儿应该知道什么、能做什么、大致可以达到什么发展水平提出了合理的期望，共32个目标。同时，针对当前学前教育普遍存在的困惑和误区，《指南》为广大家长和幼儿园教师提供了具体、可操作的指导，共87条教育建议。

当前，幼儿园不论是在儿童发展目标的制定上，还是在园本课程内容的选择上，《指南》都是其最根本的依据，因此，孤独症儿童学前教育课程的建构应来源于《指南》，回归于《指南》。

2. 孤独症儿童学前教育课程是对《指南》的调整和补充

孤独症儿童的学习方式迥异，并且由于孤独症儿童两大核心障碍及相关

症状的影响,孤独症儿童可能会无法适应正常的教学方式,因此很难触及《指南》中五大领域、不同年龄段所应达成的目标。为了满足孤独症儿童学习和生活的需要,在融合教育环境下,孤独症儿童学前教育课程势必要基于《指南》、基于孤独症儿童的身心发展与学习特点,对《指南》进行调整和补充,以便孤独症儿童"跳一跳,够得着"。

二、孤独症儿童学前教育课程建构的方向

在明确了孤独症儿童学前教育课程与《指南》的相辅相成的关系后,针对学前孤独症儿童的特点和需求,明确孤独症儿童学前教育课程的方向也十分重要。

1. 融合的视角

学前阶段的儿童在幼儿园的一日生活便是课程。学前阶段孤独症儿童应融入幼儿园集体生活之中,对他们的课程支持也应建立在幼儿园园本课程之上。

2. 个性化教育的视角

在一日活动中,在融合教育环境下,既要保证孤独症儿童参与集体活动的时间,又要根据每个孤独症儿童的具体情况和需求,制订个性化的教学计划,确保每个孤独症儿童都能得到适当的支持和关注。当然,个性化的教育不等同于个别训练,我们更倡导在集体活动中或在区域活动中能够通过教育,达到个性化教育的目的,减轻其不良症状,提升其社交技能和语言表达能力,等等。

3. 生活化教育的视角

生活化教育强调将教育内容与幼儿的日常生活紧密联系起来,使教育更加贴近幼儿的生活实际。对于孤独症儿童而言,这意味着教育活动应从他们的兴趣和生活经验出发,设计富有生活气息的课程内容。例如,通过模拟购物、烹饪等,帮助孤独症儿童理解和学习社会规则,提高他们的社会适应能力和生活自理能力。同时,生活化教育还应注重培养孤独症儿童的观察力和感知力,通过接触自然、参与社区活动等方式,激发他们的好奇心和探索欲,促进其全面发展。

4. 发掘优势和潜能的视角

每个孤独症儿童都有其独特的优势和潜能,教育者的任务是发现他们的

优势,激发他们的潜能。通过观察和评估,了解每个孤独症儿童在音乐、艺术、数学等方面的特殊兴趣和能力,为他们提供相应的教育资源和支持。例如,针对在音乐方面有天赋的孤独症儿童,可以提供更多的音乐教育机会,如学习乐器、参与合唱团等,以音乐为媒介促进其情感表达和社会交往。又如,针对在视觉艺术方面表现出色的孤独症儿童,可以通过绘画、雕塑等艺术活动,帮助他们表达自我,增强他们的自信心。

5. 家庭共育的视角

家庭是孤独症儿童学习和成长的重要环境。教育者应积极与家长沟通,了解孤独症儿童在家庭中的表现和需求,共同制订教育计划。家长的参与不仅能够为孤独症儿童提供良好的教育环境,还能够帮助他们更好地了解孩子的特点,掌握有效的教育方法。此外,通过家长工作坊、亲子活动等形式,增强家长之间的交流,构建积极的家庭教育网络。

三、孤独症儿童学前教育课程的理念

1. 注重孤独症儿童发展的主体性和整体性

遵循孤独症儿童身心发展规律和学前教育规律,要注重领域之间、目标之间的相互渗透和整合,促进孤独症儿童身心全面协调发展。

2. 因材施教,尊重孤独症儿童的个体差异

孤独症儿童学习风格迥异,个体发展差异大,要充分理解和尊重孤独症儿童,采用个别化支持、小组活动、集体活动,支持和引导他们从原有水平向更高水平发展,发挥其潜能。

3. 让孤独症教育回归孤独症儿童的真实生活

尊重生命的存在和生命成长的现实需要,强调学前孤独症教育课程的内容来自孤独症儿童的生活。在生活中,孤独症儿童与周围事物相互作用,从而获得各种经验。因此,只有让孤独症教育回归孤独症儿童的真实生活,才能让孤独症儿童在一个真正属于他的、能让他的生命力得到萌发的、感性的和真正能彰显其主体性的环境中生活和学习。

4. 以建立关系和情感互动为基础

重视师生、生生、亲子之间的关系,建立亲子、师生及生生之间健康的依恋关系,将"爱的联结"作为课程的出发点,加强对孤独症儿童联结能力的培养,帮助孤独症儿童形成联结感,与多种事物及同伴建立联系。同时,让家庭

参与课程实施之中,架构起家园合作的桥梁,充分发挥教育合力。

5. 珍视学前儿童游戏的价值

游戏能促进孤独症儿童的认知发展、社会性发展、情感发展、身体发展和语言发展,坚持以游戏为基本活动,最大限度地支持和满足孤独症儿童通过直接感知、实际操作和亲身体验获取经验,在玩中学,在做中学。

6. 重视孤独症儿童学习品质的培养

遵循情感化、生活化、游戏化的原则,在活动中培养孤独症儿童的学习品质,发挥教师和家长对孤独症儿童的重要作用。聚焦孤独症儿童转衔①难点,在转衔准备中培养其学习品质。

7. 发挥孤独症融合教育协同指导职能

围绕孤独症学校教育,有效发挥教育、医疗、心理学、康复等学科的专业作用,充分利用医院、社区等社会资源,形成孤独症儿童友好的社会氛围。

第二节 孤独症儿童学前教育课程的目标制定

孤独症儿童学前教育课程根据孤独症儿童的学习兴趣、学习风格和学习能力,其教育重点在于引导幼儿主动活动,如让孤独症儿童最大程度地参与日常生活,在学习和互动中管理情绪及发展人际关系等,最终帮助孤独症儿童发展身体动作、社会适应能力、沟通技能及问题解决能力,帮助其适应家庭、学校及社会。孤独症儿童学前教育课程指南保持了和《指南》一样的领域划分,同时又结合孤独症儿童的学习和发展特点,对课程目标进行了细分和整合。

一、健康领域

(一) 会生活

会生活主要体现在以下三个方面:一是拥有健康的体魄,发展基本的运动能力,能灵活、协调地进行身体动作。运动能力包括以下内容:能完成基本的粗大动作(如跑、爬、跳等);能完成基本的手部动作(如握、抓、夹

---

① 指从一个学段或者安置方式转到另一个学段或者安置方式。

等);能展示出适应情境的技巧动作(如拍球、踢球等)。二是养成良好的生活习惯,有一定的生活自理能力,能在成人的辅助下进行自我照料和独立生活。自理能力包括以下内容:进食、穿脱衣物和清洁卫生等,初步养成卫生的习惯。三是能处理与感觉有关的问题,如能对外界带来的感官刺激有适当的反应等,能表达感官偏好或其他感官需求(如调整灯光、温度等),等等。

(二) 会休闲

会休闲主要体现在以下三个方面:一是培养兴趣爱好,提高生活技能,能够从休闲活动中找到乐趣和获得满足感。二是提升感官体验能力,适应周围的环境。三是培养自我管理和调节能力,能够自己选择合适的休闲活动,并在活动中调节自己的情绪和行为。

二、语言领域

会表达

会表达主要体现在以下四个方面:一是学会初步的表达技能,能够做到倾听并恰当地回应他人。二是能用语言和非语言的方式表达需求、态度、想法,开展交互式对话。三是喜欢听故事和看书,能初步理解书中的内容。四是喜欢涂涂画画,具有书面表达的愿望和初步技能。

三、科学领域

会认知

会认知主要体现在以下三个方面:一是亲近自然,喜欢探究,能在探究中认识身边的事物与现象,了解事物之间基本的关系,如能感知和发现简单的物理现象,能感知和发现不同季节的特点,体验季节对动植物和人的影响。二是具有一定的认知灵活性,包括能灵活进行人、物、情境和活动的切换,能发展出多元兴趣,能适应环境的变化,等等。三是能积极发展思维能力,包括比较、归类、推断等能力。

四、社会领域

(一) 会交往

会交往主要体现在以下四个方面:一是学习并理解基本的社交准则,能够积极参与集体活动,乐于为集体做出贡献,能够识别、理解并遵循集体的规则和准则。二是掌握初步的社交技巧,与老师和同学建立稳定而积极的情感联系。三是有社会责任感和集体归属感,通过展现积极的社会行为,对所在的社区、家乡和国家表现出热爱和关心。四是学会认识和管理自己的情绪,包括能够识别自己的情绪;能够恰当地表达自己的情绪,并能对他人的情绪做出恰当的反应;能够控制自己的情绪,尤其是在面对挑战时,有效管理自己的行为。

(二) 会准备

会准备主要体现在以下四个方面:一是能做好转衔的身心准备。向往小学,初步了解小学的生活,能保持积极、稳定的情绪。二是能做好转衔的生活准备。能保持规律的作息和良好的个人卫生习惯,坚持自己的事情自己做,积极参与劳动。三是能做好转衔的社会准备。能遵守规则,与同伴友好相处、交流合作,热爱集体,能明白任务的要求并主动完成任务。四是能做好转衔的学习准备。培养良好的学习习惯与品质,有一定的学习兴趣和能力。

五、艺术领域

会审美

会审美主要体现在以下两个方面:一是能初步欣赏美、感受美,喜欢自然界与生活中美的事物(如观看花草树木、日月星空,喜欢听音乐或观看舞蹈表演,对泥塑等作品感兴趣)。二是能初步表达美和创造美,能哼哼唱唱、涂涂画画、唱唱跳跳,愿意参与各种形式的艺术活动,能用不同的方式表现自己的所见所想,有一定的艺术表现力。

六、学习品质领域

会学习

会学习主要体现在以下三个方面:一是有良好的学习意愿和兴趣,保持持续的学习动力。二是能积极参与和组织学习活动。三是培养良好的学习品质。

第三节 孤独症儿童学前教育课程的架构与实施

孤独症儿童学前教育课程以促进孤独症儿童身心健康发展为核心,以融合教育支持和个别化教育实施为主要的实施途径,调整普通教育课程,使这些课程适应孤独症儿童的学习特点,挖掘他们的内在潜力,为他们的身心可持续发展奠定基础。

一、课程设计思路

孤独症儿童学前教育课程既要注重孤独症儿童的学习特点,遵循其身心发展规律,满足其成长的需要,又要注意其学习特点与幼儿园的教育特质,以游戏作为基本的活动之一。因此,我们参考泰勒目标模式的课程设计,结合孤独症儿童的需要,整合幼儿园学前教育的五大领域,将健康、语言、科学、社会、艺术分别转换为"会生活""会表达""会认知""会交往""会审美",同时根据孤独症儿童个别化教育的需要,关注幼儿的学习品质领域,设置了"会学习""会准备""会休闲"板块的课程,让幼儿有机融入一日活动之中(图3-1)。

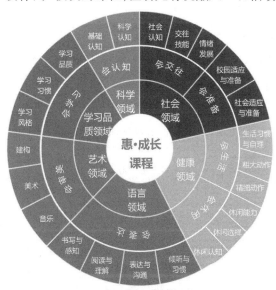

图3-1 惠·成长课程

二、课程的制定与实施

不同的幼儿园根据自身的课程架构有不同的课程实施方式,孤独症儿童支持性课程与幼儿园课程相互补充渗透,分为团体活动、例行性活动、小组活动(个别化活动)(图3-2)。

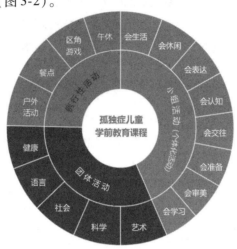

图3-2 孤独症儿童学前教育课程

(一)课程的制定

1. 课程的制定流程

采用主题式综合课程的形式,将多个领域的课程内容统整于某个主题之下,让孤独症儿童获得整体性的经验感知,主题教学过程中的关键点是尽可能个别化。课程要根据孤独症儿童的学习需要、优势及兴趣,结合社区资源,通过协作性的课程规划进行灵活整合。具体的课程制定流程如图3-3所示。

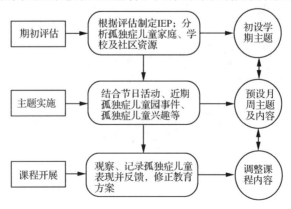

图3-3 课程制定流程

2. 活动安排

(1) 团体活动。

健康——增强孤独症儿童体质,培养健康的生活态度和行为习惯。渗透生活自理、粗大动作发展等领域的内容。

语言——提高孤独症儿童语言交往的积极性,发展孤独症儿童的语言能力。渗透语言沟通、认知、社会适应等领域的内容。

社会——增强孤独症儿童的自尊心、自信心,培养孤独症儿童关爱他人的品质,促进孤独症儿童个性的健康发展。渗透语言沟通、社会适应等领域的内容。

科学——激发孤独症儿童的好奇心和探索欲望,发展孤独症儿童的认知能力。渗透认知、精细动作、感官知觉、语言沟通等领域的内容。

艺术——丰富孤独症儿童的情感,培养孤独症儿童初步的感受美、表现美的情趣和能力。渗透语言沟通、社会适应、精细动作、感官知觉等领域的内容。

(2) 例行性活动。

户外活动——通过自编体操和晨跑、户外锻炼等,增进孤独症儿童体能、运动能力及身体协调能力、自然感知能力等。

餐点——通过点心时间、午餐时间,训练孤独症儿童的口语表达、社会适应、生活自理、认知等能力。

区角游戏——在教室设置各类型活动区,如娃娃家(私密空间区、情绪发泄区)、阅读区(语言区)、精细操作区、潜能开发区(艺术区)、亲子角[供陪读家长或教师个别化教育(Individualized Education Program,IEP)活动使用]。

午休——通过午休活动,培养孤独症儿童的如厕、穿脱衣物和鞋袜等生活自理能力。部分活动延伸到家庭生活中。

(3) 小组活动(个别化活动)。

根据孤独症儿童能力水平选择小组教学或个别化教育训练,小组教学及个别化教育训练的教学内容结合团体活动的主题而设计。

会生活——发展孤独症儿童基本运动能力和精细动作能力等,促进肢体协调,培养生活技能;处理与感觉有关的问题,能正确感知环境,并做出反应。

会休闲——通过参与烘焙、园艺等活动,孤独症儿童可以学到一些基本的生活技能和休闲技能,如做饼干等。

会表达——提升沟通技能,以满足在日常生活及学习中与他人沟通和交往的需求。

会认知——在探究中认识身边的事物与现象,了解事物之间基本的关系,发展出多元兴趣,适应环境的变化等,积极发展比较、归类、推断等思维能力。

会交往——了解基本的交往规则,掌握初步的交往技能,与教师、同伴建立稳定的情感联系。

会准备——主要包括四个方面的转衔准备,即身心准备、社会准备、生活准备和学习准备。根据孤独症儿童的个性特征,制订详细的转衔计划,在孤独症儿童的一日活动中渗透转衔准备。

会审美——通过绘画、泥塑等艺术形式,孤独症儿童能初步欣赏美、感受美、表达美和创造美,愿意参与各种形式的艺术活动,能用不同的方式表现自己的所见所想,具有一定的艺术表现力。

会学习——根据不同孤独症儿童的学习风格,采取不同的教育方式,利用游戏等多种形式,保持孤独症儿童的学习兴趣,培养他们良好的学习品质。

(二) 课程的实施

1. 评估

通过评估,可以了解孤独症儿童的发展水平、学习特点和优势。评估时需要遵循以下原则:

(1) 注重从不同的场景、不同的时段中收集评估材料,关注家长、教师、同伴等不同相关人员的访谈。

(2) 注重评估对孤独症儿童有意义的、重要的技能,这些技能适用于孤独症儿童的日常生活和个别化教育中,契合孤独症儿童的最近发展区。

(3) 评估内容完整,能够修改和调整,以便形成个别化的课程设计。

2. 制定长、短期目标

(1) 利用课程本位评估,制定长、短期框架。

(2) 根据摘要评估结果,了解孤独症儿童的长处和兴趣。

(3) 选择对孤独症儿童有意义、重要的技能。

① 对于孤独症儿童具有功能性。

② 能应用在不同的人、事物或情境中。

③ 必须是可观察、可测量的技能,便于评估孤独症儿童的进步。

④ 孤独症儿童在日常生活中的核心技能和必备技能。

（4）合理规划目标，确定优先顺序。
（5）精准表述目标，确保清晰易懂和可测量。

目标降维，打造"动态、调整"的个别化方案

在教学活动中，教师采用差异化教学方式，既关注普通幼儿的教育教学目标，又根据辰辰的情况设置降维目标，满足辰辰的发展需求。如活动《球宝宝总动员》中普通幼儿的教学目标为：（1）能够说出球的不同玩法。（2）能够和朋友分享自己的球类玩具。（3）尝试和朋友一起合作玩球。针对辰辰活动参与度较低的情况，我们减少了目标数量，降低了目标难度和维度，将目标定为能够体验不同的玩球方式，方便辰辰达成目标。

同时，针对辰辰社交能力弱的情况，在与其父母沟通后，教师为其量身定制了提高其社交能力的个别化教育目标。目标由长期目标和短期目标两部分组成，结合幼儿园中常出现的社交情景，帮助辰辰习得相应的社交技能，并由教师定期对辰辰的社交能力进行评估。通过观察、记录等方式，根据辰辰现阶段的发展情况，动态调整个别化方案，帮助辰辰不断发展社交技能。（表3-2）

表3-2　辰辰的个别化教育目标

领域	长期目标	短期目标
社会与交往	认识自己和同伴	能说出自己的名字，当教师点名时有回应，准确率达80%； 当别人叫自己的名字时有回应，准确率达80%； 认识自己的同伴，能说出班级5个幼儿的名字，准确率达80%
社会与交往	学会和老师、同伴打招呼	会说"早上好""再见"回应别人的问候，准确率达70%； 会用"老师好"问候他人，并与老师握手，准确率达80%； 会用"你好"与同伴打招呼，并与同伴握手，准确率达80%
社会与交往	知道自己所扮演的角色	能说出自己扮演的角色，准确率达80%
社会与交往	表达请求	能够用"请……""我能……"句式表达请求，准确率达70%
社会与交往	表达感谢	得到帮助会说"谢谢"；拿到别人送的东西会说"谢谢××"，准确率达70%

续表

领域	长期目标	短期目标
社会与交往	表达赞美	当别人做事做得好时，能口头称赞别人或通过动作称赞别人，准确率达70%
	表达歉意	弄坏东西后会说"对不起"，准确率达60%
	掌握基本的社交技巧	请求照顾者帮助自己拿想要的东西，准确率达70%；表达需求时不发脾气，准确率达60%
	能与同伴一起整理玩具	游戏结束时，能与同伴尝试将玩具一一归还并放置原位，准确率达60%

3. 选择（调整）课程内容，进行主题活动二次开发

在孤独症儿童的学前教育课程中，主题活动的选择与调整是至关重要的。为了更好地满足孤独症儿童的学习需求，根据制定的长、短期目标，结合主题活动目标选择适宜孤独症儿童需求的课程内容，对于原本预设的主题活动计划中不适宜的部分进行调整，尝试进行主题活动部分内容的二次开发，增加有益于其学习的支持策略。

4. 实施课堂教学

综合运用集体课、小组课、个性化支持等不同的教学形式实施课堂教学。基于应用行为分析（ABA）的框架，以孤独症儿童需求为本，综合运用地板时光（DIR）、关键反应训练（PRT）、社会故事等新型的教学策略，并与传统的教学策略相结合，共同着眼于孤独症儿童持续、长远的发展。在循证研究的基础上，有计划地采取有效策略，不断评估教学效果，弹性地调整教学策略，以使孤独症儿童获得发展。

5. 实施三阶层评价架构

孤独症儿童的学前教育课程实施三阶层评价架构。第一阶层的评价以周为单位，目的是监督和评价孤独症儿童IEP长、短期目标的达成情况；第二阶层的评价以季为单位，目的是利用选用的测评工具收集资料，监督和评价孤独症儿童IEP长、短期目标与课程目标及整体发展的情况；第三阶层的评价以年为单位，评价整体的课程成效，利用标准化测验，并对比前后测资料。

（三）课程实施原则

1. 整合性原则

整合性原则是以主题活动为脉络，参考学前儿童健康、语言、科学、社会、艺术五大领域,将"会生活""会表达""会认知""会交往""会审美""会学习""会准备""会休闲"几大板块进行整合,以幼儿园一日生活环节为载体,在开展丰富多样的活动的过程中,有机地将课程目标巧妙且适宜地融进各类活动中,再辅以个别化支持,引导孤独症儿童在有趣的活动中获得成长。

2. **主体性原则**

孤独症儿童和教师都是幼儿园课程实施的主体,幼儿园课程实施应该坚持双主体性。只有孤独症儿童主动参与和主动建构,孤独症儿童才可能获得有益的学习经验和形成良好的学习品质;只有教师主动参与引导,孤独症儿童的主动学习才会高效。

3. **游戏性、生活性原则**

孤独症儿童认知发展规律和特点决定了其学习离不开生活与游戏,孤独症儿童需要直接感知、实际操作、亲身体验,在各种活动中获得直接经验。在实施中,重视环境的创设,鼓励孤独症儿童通过各种感官来操作、摆弄、探索,积极与周围的人进行互动。

4. **丰富性原则**

"一日生活皆课程。"这就要求幼儿园活动形式多样,既体现五大领域核心经验,又符合不同能力发展水平孤独症儿童的需求,保证所有孤独症儿童都能在原有的基础上持续提升自己。

5. **灵活性原则**

孤独症儿童间存在较大的个体差异,孤独症儿童的兴趣、习惯、关注点等都不尽相同,教师应结合班级孤独症儿童的实际情况,灵活地组织各类活动,采用不同的活动组织形式,满足每一个孤独症儿童的发展需要。

(四) 环境创设要求

1. **安全、卫生**

孤独症儿童可能对潜在的安全隐患不敏感,因此应避免环境中存在尖锐物品、易碎品等,同时确保卫生条件良好,避免滋生细菌、病毒。

2. **合理划分与布局**

通过清晰的边界划分,如使用墙体、橱柜分隔或胶带张贴等方式,帮助孤独症儿童认识活动区域,有助于他们更好地适应环境。

3. **整洁有序**

保持环境整洁有序,避免过多的视觉刺激,有助于减少孤独症儿童因视觉过载而引发的问题行为。

4. 活动空间大

为孤独症儿童提供足够大的活动空间,方便他们自由活动和探索。

5. 干扰少

应控制噪声、眩光、过高或过低的温度等环境刺激,以便于孤独症儿童保持学习的专注度和情绪的稳定性。

6. 满足个别化需求

根据孤独症儿童的个体差异,提供类型丰富的专用功能室及设施设备,以满足他们的不同需求。同时,设计易于识别的标识图片和独立操作的设施,培养孤独症儿童的独立性和自我管理能力。

第四节 孤独症儿童学前教育课程内容与要求

孤独症儿童学前教育课程包含孤独症儿童身心发展各方面的内容与要求,该课程可以在融合教育环境下为从事孤独症学前教育的教师提供指导。

具体课程内容和要求如下。

一、健康领域

(一) 会生活

1. 生活习惯与自理

(1) 饮食。

① 学习用杯子喝水。

② 愿意在学校饮用白开水。

③ 学习用小勺子或筷子独立吃饭。

④ 愿意在学校独立吃饭。

⑤ 用餐时能细嚼慢咽,能吃完饭菜。

*⑥ 在成人的引导下,不偏食,不挑食,不暴饮暴食。

⑦ 在成人的提醒下,知道吃洁净、健康的食物。

⑧ 用餐时保持桌面、地面的清洁。

⑨ 餐后收拾餐具,能擦嘴、漱口。

⑩ 能正确摆放餐具和使用餐具。

（2）穿衣。

① 学习脱戴帽子、手套。

② 学习穿脱袜子、鞋子。

③ 学习穿脱开衫、松紧裤。

*④ 学习在成人的配合下穿脱套头衫。

⑤ 学习拉拉链、扣摁扣和扣纽扣。

⑥ 在成人的提醒下,能根据冷热增减衣物。

⑦ 学习系衣服、帽子上的带子。

（3）如厕。

*① 有便意时会寻求成人的帮助。

② 学习分辨男女厕所。

③ 学习正确使用便器。

④ 学习使用卫生纸。

⑤ 知道便后要用水冲厕所。

⑥ 不用成人的帮助能自己如厕,擦拭,冲水并穿脱衣服。

（4）睡眠。

*① 在成人的帮助和陪伴下,能安静地做好入睡准备。

*② 在成人的提醒下,能按时午睡和起床。

③ 学习将脱下的衣物放在固定的位置。

④ 学习自己盖被子。

⑤ 学习自己叠被子。

（5）个人卫生。

*① 在成人的提醒下,知道饭前、便后、手脏时洗手。

② 能按洗手步骤学习洗手。

③ 洗完手后学习用毛巾或纸巾擦手。

④ 学习刷牙。

⑤ 学习用毛巾或纸巾擦嘴,用杯子漱口。

⑥ 能自主调节清洁时的水量。

*⑦ 在成人的帮助下,愿意保持身体清洁。

*⑧ 在成人的提醒下,能勤换衣物,保持衣物整洁。

⑨ 能自己擤鼻涕。

⑩ 能自己梳头发。

(6) 安全。

① 不将手或其他异物放进嘴巴、鼻子、耳朵。

*② 身体不舒服、受伤时会向成人寻求帮助。

③ 知道不玩火,不接触煤气,不触摸电器和插座等。

④ 在成人的看护下学习安全使用剪刀等工具。

*⑤ 知道在公共场合紧跟成人或握住成人的手。

⑥ 不靠近危险的地方。

2. 粗大动作

(1) 翻滚、钻爬。

① 能侧卧翻滚。

② 能左右连续翻滚。

③ 能手膝交替向前爬。

④ 能爬过障碍物。

⑤ 能钻爬通过一段距离。

⑥ 能一步一步向上爬。

⑦ 能手脚协调向上爬。

⑧ 能手脚协调向不同方向爬。

(2) 站、走、跑、跳。

① 能身体直立,保持平衡。

② 能双手捧物,步态平稳地向前走。

③ 能双脚交替走平衡木。

④ 能双脚交替沿着曲线行走。

⑤ 在行走中能跨过障碍物。

*⑥ 在成人的帮助下,能双脚交替上下楼梯。

⑦ 能随意或沿直线跑。

⑧ 跑步时,能绕开障碍物或避免与他人的碰撞。

⑨ 双脚能从低矮的台阶往下跳。

⑩ 能双脚并拢地向上或向前跳。

⑪ 能单脚跳跃。

（3）抛、接、投掷。

＊① 会向不同方向的教师或同伴抛球、抛沙包等。

＊② 会接住教师或同伴短距离抛来的球、沙包等。

③ 能手过肩向上、向前投掷物品。

④ 能向前用力投向目标物。

（4）使用器械。

① 会连续拍球3下以上。

② 会骑小三轮车,会踏平衡车。

③ 会玩滑滑梯、摇椅和荡秋千。

3．精细动作

（1）抓、放、捏、取。

① 会用手握住物体。

② 会自主地放开手里握住的东西。

③ 能用两指或三指捡起物品。

（2）手眼协调。

① 能将吸管插进包装。

② 能用手指按开关。

③ 能拧开及拧上瓶盖。

④ 能用剪刀剪出形状。

⑤ 能在图形内填色。

（3）用积木搭建等,捏黏土。

① 能用积木进行平铺、叠高、架空、连接等。

② 能将黏土捏成某种形状。

（4）撕、折、翻页。

① 能用手指剥开、撕开或拆开包装。

＊② 能模仿教师将纸对折。

③ 能一页一页翻书。

实施建议

① 注重结合日常生活,创造情境和机会,在例行活动中培养孤独症儿童良好的生活习惯与自理能力,如户外活动后、餐前和便后洗手,喝水,午睡脱衣,起床穿衣,等等。引导孤独症儿童生活自理或参与家务劳动,发展其手部的动作。如练习自己用筷子吃饭、扣扣子,帮助家人择菜叶、做面食等。

② 充分利用室内外环境开展多种活动,发展孤独症儿童的身体平衡能力和协调能力。如走平衡木,沿着地面走直线,玩跳房子,蒙眼走路,踩小高跷,等等。

③ 鼓励孤独症儿童参与跑跳、钻爬、攀登、投掷、拍球等活动,以及踢毽子、滚铁环等传统体育游戏,给予孤独症儿童必要的支持,肯定孤独症儿童的努力及尝试,发展孤独症儿童动作的协调性和灵活性。对于拍球、跳绳等技能性活动,不要过于要求数量,更不能机械训练。

④ 提供画笔、剪刀、纸张、泥团等工具和材料,或充分利用各种自然、废旧材料和常见物品,让孤独症儿童进行画、剪、折、粘等美工活动,增强孤独症儿童手部动作的灵活性和协调性。

⑤ 结合活动内容对孤独症儿童进行安全教育,注重在活动中培养孤独症儿童的自我保护能力。

(注:*代表此项内容建立在师幼互动、亲子互动的基础上,下同)

(二)会休闲

1. 休闲认知
(1)知道什么时间可以休闲。
(2)知道休闲的时候可以做些什么活动。
(3)知道在什么地方休闲。
(4)知道自己喜欢怎样的休闲活动。

2. 休闲选择
(1)能根据兴趣爱好、需求等,选择适合的休闲活动。
(2)能选择适宜的休闲场所。
(3)培养基本的自我决定能力。

3. 休闲能力

(1) 能安排自己的休闲活动。

(2) 能与家长、教师或同伴合作开展休闲活动。

(3) 能在休闲活动中管理好自己的情绪及行为。

(4) 能利用合适的休闲资源。

(5) 能在休闲活动中注意安全。

实施建议

① 培养孤独症儿童的基本烘焙技能,如称量、混合、揉捏等,提升他们的动手能力。教授孤独症儿童正确使用烘焙工具和设备,为确保烘焙活动的安全性,选择适合孤独症儿童的食材和工具,避免使用可能引发过敏或造成危险的物品。

② 在各类休闲活动中,鼓励孤独症儿童与同伴或家长合作,培养他们的团队合作意识和沟通能力。同时,根据孤独症儿童的实际情况调整活动内容,确保活动的趣味性和适宜性。

③ 提供必要的帮助和指导,让孤独症儿童在休闲活动过程中体验成功的喜悦,获得成长的快乐。

二、语言领域

会表达

1. 倾听

(1) 倾听习惯。

*① 能注视教师或同伴,安静地倾听讲话。

② 不插话,不抢话。

(2) 倾听能力。

*① 能跟随对方谈话内容的变化而转移注意力。

*② 能在倾听教师说话的同时,做出目光、表情或口头语言上的回应。

③ 能听懂并理解较简单的词语。

④ 能安静地听一个简短的故事。

⑤ 能辨别几组反义词。

⑥ 听不懂时能主动提问。

2．表达与沟通

（1）口腔动作。

① 能张开嘴巴做咬苹果的动作。

② 能做嘟嘴等。

*③ 能模仿教师完成顶舌等舌部动作和唇部闭合动作。

（2）语音与语调。

① 能自主发出随意的声音。

*② 能模仿教师发声。

*③ 能模仿小狗、小猫等小动物的叫声。

*④ 能尝试发出"baba""mama""laoshi"等声音。

（3）语句与词汇。

*① 能仿说或主动说词语。

*② 能仿说或主动说简单句。

*③ 能仿说或主动说复杂句。

*④ 能和教师、同伴或其他成人对话。

3．阅读与理解

（1）阅读习惯与行为。

① 知道如何拿书，掌握基本的图画书翻阅规则。

② 爱护图画书，不乱撕，不乱扔书。

③ 能专注地阅读图画书。

（2）阅读内容的理解。

① 会看画面，能根据画面简要说出图中有什么，发生了什么事，等等。

② 能初步理解图画书中的关键词。

③ 能进行简单的情节猜测、故事续编。

（3）阅读内容的表达。

*① 在教师的提示下做出与图画书中的人物相应的动作和表情。

② 指认画面上的物体，描述单个画面中的故事情节。

③ 能简要说出图画书的主要内容。

4．书写与感知

（1）文字、符号感知。

① 在生活中关注常见的符号。
② 能区分有意义的符号、文字等,知道汉字是方块字。
③ 能读出自己的姓名,并能初步辨认周围环境中的简单符号和文字。
(2) 书写经验与技能。
① 以随意的涂鸦和线条"假装"书写。
② 用三角形、圆形代替某个字。
③ 积累并能够书写一些简单的汉字。
④ 用图画或同音字代替不会写的汉字。

实施建议

① 结合情境、视觉支持等,多给孤独症儿童提供倾听和交谈的机会,引导孤独症儿童学会认真倾听。说话前要呼唤孤独症儿童的姓名,以引起其注意,必要时多重复几遍,要有足够的耐心和细心。

② 说孤独症儿童能听得懂的话,而不是使用孤独症儿童的语言。

③ 尊重和接纳孤独症儿童的表达方式,无论孤独症儿童的表达水平如何,都应认真地倾听并给予积极的回应。

④ 提供一定数量、符合孤独症儿童年龄特点且富有童趣的图画书。提供相对安静的地方,尽量减少干扰,保证孤独症儿童自主阅读。必要时通过师幼共读、戏剧表演、皮影戏等多种方式引导孤独症儿童阅读。

三、科学领域

会认知

1. 基础认知

(1) 事物与现象。

*① 自我概念:能认识自己,和教师与同伴说出自己的名字、性别、年龄等。

② 物体概念:认识常见的物体。

③ 能了解动植物的生长发育规律。

④ 了解四季的特征,感受天气和季节变化带来的影响。

⑤ 能用多种感官和动作去感知、探索物体。

⑥ 能分辨大小、形状、颜色、长度等概念。

⑦ 能了解时间、质量等复杂的概念。

⑧ 对自然界感兴趣,了解简单的自然现象。

⑨ 了解生活中常见的科技产品。

(2)记忆。

① 会寻找在眼前消失的东西。

② 会指认人物和找东西。

*③ 和教师一起背诵儿歌或童谣。

*④ 会和教师说发生过的事。

(3)推理与思考。

① 能进行简单的推理。

② 能用不同方法玩玩具、组合玩具。

③ 能进行假扮:会把某物当成别的东西玩,会玩扮演游戏。

2．科学认知

(1)集合与模式。

① 能进行匹配。

② 能按照物品属性进行简单的分类。

③ 能理解并构建简单的模式。

(2)数的概念与运算。

① 知道数字的不同用途。

② 具备数量概念。

③ 会唱数、数数。

④ 能进行5以内数的分合(简单加减)。

(3)比较与测量。

① 能根据物体的属性(如大小、长短、轻重)进行量的比较。

② 能进行简单的测量。

(4)几何与空间。

① 了解常见图形的特征。

② 能进行简单的图形组合。

③ 初步了解简单的图形变换(如平移、旋转等)。

④ 有初步的空间方位认知。

 **实施建议**

① 引导孤独症儿童关心和发现生活中周围事物的变化,了解事物之间的关联。

② 经常带孤独症儿童接触大自然,激发其好奇心与探索欲。可以利用午餐后的时间进行散步,和孤独症儿童一起通过种植活动和饲养活动等,感知生物的多样性和独特性,以及生物生长发育到繁殖、最终死亡的生命周期。

③ 结合生活和游戏,创造能让孤独症儿童用数学解决问题的机会,初步感受数字在生活中的用处和趣味。

四、社会领域

（一）会交往

1. 社会认知

（1）自我认知。

*① 知道自己的姓名,听到别人称呼自己的姓名时有反应。

② 能指认自己的五官、四肢等主要身体部位。

③ 能指认自己的照片。

④ 知道自己的性别。

⑤ 知道自己的年龄。

⑥ 能选择自己喜欢的物品。

⑦ 愿意去做自己能做的事情。

⑧ 参与简单的自我服务性劳动。

（2）家庭认知。

① 认识家庭成员。

② 知道家庭成员的姓名和称呼。

（3）校园认知。

① 认识教师、同伴。

② 知道学校、班级。

（4）社区、文化认知。

① 知道家庭住址。

② 知道遇到困难时向社区寻求帮助。

③ 知道自己是中国人。

④ 知道自己的民族。

⑤ 认识国旗,会唱国歌。

2．交往技能

（1）语言互动。

① 能主动回应他人的问候,并主动打招呼、说再见。

② 回答问题和提出问题。

③ 提出要求。

④ 拒绝别人给予的物品或参与活动。

（2）非语言互动。

① 通过肢体动作寻求他人关注。

② 用肢体动作表达自己的需求或情感。

（3）积极行为。

① 能在集体活动中等待轮流。

② 能与同伴分工合作完成任务。

③ 学会与他人分享。

④ 发生冲突时,能听从成人的劝解。

3．情绪发展

（1）理解情绪并表达。

① 了解愉快、害怕、生气等基本情绪的表达方式。

② 能根据他人的情绪变化调整自己的行为。

③ 能适宜地表达愉快、害怕、生气等基本情绪。

（2）控制情绪。

① 情绪比较稳定,能在成人的陪伴下通过语言安抚或肢体接触,在5分钟内停止哭闹并逐渐恢复平静。

② 能在日常生活中保持愉快、积极的情绪。

（3）理解他人情绪。

① 识别他人的情绪并做出反应。

② 识别他人情绪产生的原因。

 **实施建议**

① 通过营造温馨、安全的成长环境,帮助孤独症儿童建立安全感和信赖感。

② 主动亲近和关心孤独症儿童,经常与其一起游戏或活动,让孤独症儿童感受到与成人交往的快乐,建立亲密的师生和幼幼关系。

③ 结合情境,创造交往的机会,让孤独症儿童体会交往的乐趣,如一起去买菜,一起去春游,等等。

④ 提供表情图、绘本、相册、视频等多种材料,给孤独症儿童自主选择的机会,引导他们适当地表达自己的情感,增强其自信心。

⑤ 帮助孤独症儿童学会恰当表达和调节情绪。

第一,成人用恰当的方式表达情绪,为孤独症儿童做出榜样。如生气时不乱发脾气,不迁怒于人。

第二,成人和孤独症儿童一起谈论自己高兴或生气的事,鼓励孤独症儿童与人分享自己的情绪。

第三,允许孤独症儿童表达自己的情绪,并给予适当的引导。如孤独症儿童发脾气时不硬性压制,等其情绪平复后告诉他们什么行为是可以接受的。

第四,发现孤独症儿童不高兴时,主动询问情况,帮助他们缓解消极的情绪。

(二) 会准备

1. 校园适应与准备

(1) 应对变化。

① 在熟悉的环境中接受变化。

② 采取行动应对变化。

(2) 应对分离焦虑。

① 入园后不哭闹。

② 不躲避教师和同伴。

③ 不在用餐、午睡时过度依赖教师。

（3）幼小过渡。

① 能遵守一日常规，知道上课铃响要安静地坐着，回答问题要举手，等等。

② 坚持自己的事情自己做，能整理和保管好自己的物品，做好课前准备。

③ 能安排好自己的课间活动。

④ 能和同伴友好相处。

⑤ 能参与班级劳动。

2. 社区适应与准备

（1）出行。

① 路边安全行走。

② 安全过马路。

③ 使用公共交通工具。

（2）购物。

① 能挑选商品。

② 能在成人的帮助下付款。

（3）就医。

① 知道身体不舒服需要就医。

② 不抗拒去医院。

实施建议

① 全面准备。要以促进孤独症儿童身心全面和谐发展、顺利转衔为目标，注重身心准备、生活准备、社会准备和学习准备四个方面的有机融合和渗透，不应片面追求某个方面或几个方面的准备，更不应用小学知识和技能的提前学习和强化训练替代全面准备。

② 把握重点。转衔准备教育是一个循序渐进的过程，幼儿园应从小班开始逐步培养孤独症儿童健康的体魄、积极的态度和良好的习惯等。同时，应根据大班孤独症儿童即将进入小学的特殊需要，围绕社会交往、自我调控、规则意识等进入小学所需要的关键素质，提出科学、有效的途径和方法，实施有针对性的转衔准备教育。

③ 尊重规律。应充分理解和尊重孤独症儿童的学习方式和特点，把转

衔准备教育目标和内容要求融入幼儿园游戏活动和一日生活,支持孤独症儿童通过直接感知、实际操作和亲身体验等方式积累经验,逐步做好身心各方面的准备。

五、艺术领域

会审美

1. 音乐

(1) 音乐感受。

① 喜欢听儿童歌曲,能感受歌曲的优美旋律。

② 能感受音乐的韵律、节奏。

(2) 音乐表现。

① 喜欢自己唱或与同伴一起唱。

② 能随熟悉的音乐律动,模仿教师的动作。

③ 能学唱歌曲或用乐器进行简单的演奏。

④ 能进行简单的音乐游戏。

⑤ 能控制自己的音量或音色。

⑥ 能接唱或轮唱。

(3) 音乐创造。

① 能根据音乐创编简单的舞蹈动作。

② 能创编简单的乐句。

2. 美术

(1) 美术感受。

① 喜欢绘画或做手工。

② 喜欢色彩鲜艳的图画、美工作品。

③ 尝试用动作、语言、表情等表达自己对美术作品的理解与感受。

(2) 美术表现。

① 能用笔涂涂画画。

② 掌握常用绘画工具、手工工具和材料。

③ 能用简单的线条、形状绘画。

④ 能尝试剪纸等不同艺术形式的活动。

⑤ 初步掌握剪纸、折纸、捏泥等的方法。

（3）美术创造。

能用不同的艺术形式表现自己的想法。

3. 建构

（1）建构技能。

① 能掌握围合、延长、垒高等建构技能。

② 能掌握架空、拼搭、盖顶等建构技能。

③ 能尝试对称、组合建构技能。

（2）建构表现。

① 能按照自己的想法进行建构。

② 能运用多种建构技能建构。

③ 能按一定的主题进行建构。

④ 建构作品有一定的艺术性。

① 多与孤独症儿童一起听音乐、看风景等，感受、发现和欣赏大自然和周边生活中美的事物。

② 尽量让孤独症儿童参与到教室的环境布置中，多用孤独症儿童自己的作品进行环境的创设，营造"班级小主人"的心理氛围。

③ 提供多种材料，引导和帮助孤独症儿童进行艺术表达和表现。理解和尊重孤独症儿童独特的表达与表现方式，不能用自己的审美标准去评判孤独症儿童，更不能为追求结果的"完美"而对孤独症儿童进行千篇一律的训练，以免扼杀其想象力与创造力，要在各种场合为他们创造表现独特才能的机会。

六、学习品质领域

会学习

1. 学习风格

（1）关注事物。

① 会专心观察眼前的事物。

② 能对移动的物体进行视觉追踪。

（2）关注人物。

① 能关注眼前人的动作并模仿。

② 能注视与自己说话的人。

（3）在社交活动中模仿。

① 在社交活动中模仿人的动作。

② 在社交活动中模仿人的语言。

2．学习动机与参与

（1）对教室环境中的物感兴趣。

① 探索教室环境中的玩具、物品等。

② 了解教室中不同玩具或者物品的用途。

（2）对项目或者活动感兴趣。

① 参与推理等逻辑思维活动。

② 参与角色扮演游戏。

③ 完成活动场景或者游戏场景的布置。

（3）持续活动。

① 能够主动持续性地进行某一项活动。

② 在他人的支持下持续进行某一项活动。

（4）能够提出活动要求。

① 能通过口语提出活动要求。

② 能借助视觉提示等方式提出活动要求。

3．学习品质

（1）独立学习。

① 组织自己的学习材料。

② 有效使用时间表或者计划表。

（2）规则意识。

① 学会排队或者轮流游戏。

② 遵循游戏时间或者休息时间的管理。

（3）问题解决。

① 遇到问题会控制自己的情绪。

② 遇到问题会求助成人。

③ 没有成人的帮助也能协调解决问题。

（4）评估自己的学习。

① 设定自己的学习目标。

② 认识到自己在学习过程中遇到的困难。

③ 肯定自己在学习中取得的成就。

实施建议

① 了解每一个孤独症儿童不同的学习风格，制订不同的个别化教育计划。

② 观察孤独症儿童，发现孤独症儿童感兴趣的人或物，持续引发孤独症儿童的学习兴趣。

③ 支持和鼓励孤独症儿童在探究的过程中积极动手、动脑寻找答案或解决问题，尊重并鼓励孤独症儿童表达他们独特的思维方式。

④ 重视培养孤独症儿童的学习品质。孤独症儿童在活动过程中表现出的积极态度和良好行为倾向是其终身学习与发展所必需的宝贵品质。应充分尊重和保护孤独症儿童的好奇心和学习兴趣，帮助孤独症儿童逐步养成积极主动、认真专注、不怕困难、敢于探究和尝试、乐于想象和创造等良好的学习品质。忽视孤独症儿童学习品质的培养，单纯追求知识和技能的学习，这种做法是短视而有害的。

第四章 孤独症儿童学前教育教学实践——以小Q为例

一、初见小Q：融入与观察

我是苏州市星惠学校的一名融合教育支持教师，也是小Q的融合教育支持教师。第一次去幼儿园见小Q是在幼儿园的彩虹跑道上，当时，她正紧紧地拉着影子老师的手，在户外参与体能大循环活动。影子老师和班主任亲切地和我打招呼，给我介绍小Q的基本情况。但我的视线仍然牢牢地被小Q吸引着，她的动作稍显迟缓且不够协调，但明亮的眼睛中洋溢着对活动的喜爱与向往，嘴里嘟囔着"还要玩，还要玩"。可能是缺乏安全感，小Q在玩每一个项目时都呼唤着影子老师，需要影子老师的陪伴与保护。

这时，一个个头不高的小男孩走了过来，对小Q说："我带你去荡秋千吧！"小Q没有排斥，和小男孩手拉手来到秋千旁，并自然而然地坐在了秋千上，旁边的小男孩帮她推动秋千，还关心地说："你抓好哟！"眼看着10分钟过去了，小Q还在荡秋千，影子老师赶紧介入："小Q，你也让他玩一会儿，你去帮他推动秋千吧！"在影子老师的辅助下，两人顺利完成了角色的转换。

在户外活动收拾与整理环节时，我很欣喜地看到在班主任的口头提醒下，小Q可以做一些力所能及的事情，如抬体操垫、拖运四面梯等，并且还有热心的同伴冲过来大声说："我来帮助她吧！"排队上楼梯回教室的时候，还有两个小女孩一直在照顾她，拉着她的手，轻声地提醒着："小Q，快点走，不要掉队啦！"第一次进入班级，我真真切切体会到这里的老师心中有融合，心中有这些孩子。孩子们的表现是不会说谎的。在班级里，我想老师们应该很努力地在营造融洽氛围，让所有的孩子都感到师生关系、生生关系是密切而融洽的。

在稍晚进行的集体教育活动期间,小 Q 的状态有些令人担忧。班主任组织着孩子们讨论某个话题,而小 Q 仿佛置身于另一个世界,眼神常四处游离,注意力难以集中,时不时地左顾右盼。并且,她会寻求影子老师的拥抱,偶尔还会自顾自地呢喃,说着一些我无法理解的话语。影子老师向我解释,小 Q 不理解这种具有讨论性质的活动,她比较喜欢音乐活动,有时候她对这种活动不感兴趣时,就直接去音乐教室了。

半小时后,班主任介绍完了规则,区域活动开始了。很明显,小 Q 早已经决定好今天玩什么了。只见她独自坐在角落里,全神贯注地摆弄着乐高玩具。她小心翼翼地拿起一个小人仔,先是将其放置在窗户前,然后微微歪着头,从不同的角度仔细地观察着,脸上洋溢着笑容,这个过程大概持续了 10 分钟,直到影子老师的介入。"你也来搭一个滑梯吧!"小 Q 模仿影子老师搭了一个一模一样的滑梯。"我这里还有拐弯的滑梯。""拐弯的滑梯?"小 Q 回应着,然后搭了一个拐弯的滑梯并玩了起来。我看到小 Q 虽然搭建技能还需要提升,但是她已具备模仿能力,且愿意尝试和探索感兴趣的事物。

二、会见融合团队:评估与对话

在与小 Q 初次接触,并对小 Q 进行了半日细致入微的观察后,我深切地意识到,要为她提供精准且有效的融合教育支持,离不开融合教育团队的共同努力。于是,我迅速召集了一个碰面会,与小 Q 的班主任、影子老师及幼儿园资源教师共同组成了一个融合教育团队。在投影仪上,我展示了在各个活动环节中记录下的小 Q 的点点滴滴,提出接下来我将作为小 Q 的融合教育支持教师,以督导、嵌入的方式,和他们一起深化打造融合氛围,开展协同教学,帮助小 Q 获得全面发展。

在结束了与团队的深度研讨后,我又怀着忐忑而期待的心情,与小 Q 的家长进行了一次长达 2 小时左右的深度访谈。紧接着,我们正式启动了对小 Q 的全面教育评估工作,从幼儿园健康、语言、科学、艺术、社会五大领域及语言沟通、社会交往、运动及自理等关键能力,对小 Q 的发展水平进行了教育评估,并根据评估报告,我们融合教育团队协同完成了小 Q 的个别化教育方案。

三、协同教学:调整与改进

10 月的某一天,我按照融合教育支持计划,如期来到幼儿园,开始半日的协同教学。

晨间生活活动：呵护每一次的勇敢尝试

今天小 Q 早早地来到了学校，见到我后，她有点不好意思地喊出我的名字，向我问候。这个时候，班主任正在班级门口热情地迎接每一个到幼儿园的孩子，提醒他们签到并做好入园准备。由于天气不好，我将户外的体育活动调整为室内的体育活动。我在走廊上加入了孩子们的体育活动。小 Q 放好书包后，来到走廊上拿出了跳绳并开始跳绳练习，虽然很是生疏，但还是非常努力跳着。不一会儿，似乎是看见我和其他孩子正在玩抛接球的游戏，她愣在原地，眼睛一直看向我这边。我抓住了这一契机，轻轻地走到她身边，蹲下身子，微笑着看着她的眼睛，温柔地说："小 Q，是不是也想和小伙伴们一起玩呀？"小 Q 点了点头，但又有些退缩地往后退了一小步。我拉着她的小手，带着她走到孩子们的中间，对正在游戏的孩子们说："小朋友们，小 Q 也想和大家一起玩抛接球，我们欢迎她好不好？"孩子们纷纷热情地回应着，我便开始给小 Q 示范抛接球的动作，我重复了两次动作后，鼓励小 Q 自己尝试。小 Q 有些紧张地拿起球，模仿着我的样子，将球抛了出去，并且也能在几次尝试后接住同伴抛来的球了。

吃完点心后，孩子们需要将自己的小椅子搬回教室指定的位置并摆放好，做好集体活动的准备。我看到小 Q 站在椅子旁边，没有要动手的意思。于是我走过去，拿起一张画着一个小朋友搬椅子的图片，递给了小 Q，指着图片说："小 Q，看！他在搬椅子，我们也要搬椅子。"小 Q 看了看图片，还推了我一下说："就不搬。"我知道，她正处于自我意识的敏感期，喜欢说"不"。于是，我坚定地说："我们一起搬椅子。"我一边给小 Q 提供肢体辅助，一边嘴里唱着"小蚂蚁，搬豆豆，一个一个慢慢搬"。我没有和小 Q 形成对立，而是采取了一种"你说的都对""我做的都对"的方式，接纳她的情绪，规范她的行为。在我的影响下，很快小 Q 就搬着椅子参与集体活动了。

集体教学活动：仓颉造字——提供差异化的支持

今天由我来组织集体教学活动，班主任将作为我的助教，协助我开展活动。

活动开始前，为了帮助小 Q 更好地参与讨论，我在一面小黑板上放了一张张"课堂小约定"的卡片，卡片上面画着一个小朋友举手发言、安静倾听等，我用视觉提示来引导她遵守课堂规则，积极参与讨论。我通过《仓颉造字》的视频，生动地向孩子们展现了在古代人们用结绳记事等方式来记录生活。在播放的过程中，我不时地暂停视频，问孩子们："这些方法好用吗？有什么缺点呢？"孩子们纷纷回答，有的说绳子太多，容易忘记，有的说搬石头太麻烦。我接着问："那不好用的时候，是谁打算去寻找更好的方法呢？"孩子们异口同声地回答："仓颉！"这时，我看向小Q，发现她也被视频吸引住了，她的眼睛一眨不眨地盯着屏幕。为了帮助她更好地理解和记忆，我在视频播放结束后，拿着写有"仓颉""猎人"等词语的图片，走到小Q身边，指着卡片上的画，慢慢地说："小Q，这是仓颉。是谁想要去寻找好办法呀？"小Q看着卡片，在助教老师的发音提示下，跟着我说出了"仓颉"这个词。虽然声音有些小，但这是一个很好的开始。

接着，我播放了第二段视频。视频中，仓颉在野外遇到了猎人，看到猎人通过野猪的脚印来判断野猪的行踪，从而受到启发，开始思考用不同的符号来代表不同的事物。我设置了三个动物脚印与头像连线的操作环节，并让小Q第二个尝试，小Q非常乐意上台操作，我也积极引导她："仔细看，小草一样的脚印是哪只小动物的呢？连连看。"小Q完成后，我及时表扬了她，发放了奖励贴纸，让她感受到自己的努力得到了认可。

第三段视频展示了仓颉通过观察大自然中的各种事物，如日月星辰、山川河流、鸟兽虫鱼等，画出了不同的符号，这些符号就是最初的汉字。我在大屏幕上展示了一幅幅精美的汉字联想画，画中有用简单的线条勾勒出的日、月、山、水等图案，旁边写着对应的汉字。我组织孩子们对画面所代表的含义以及汉字所表达的意思展开讨论。助教老师给小Q提供纸质的个别化的学习材料，与她轻声讨论着，其他孩子们也纷纷发表自己的看法。我也走到小Q身边，引导小Q一起观察这些画，我用手指着画和字，对她说："小Q，你看这张画的圆圈像不像天上的太阳？这个字就是'日'，代表太阳。"通过这样的图片提示，帮助小Q理解象形字与汉字之间的对应关系，让她感受到汉字的奇妙之处。

在活动接近尾声时，我对孩子们说："小朋友们，今天我们学习了仓颉造字的故事，回家后，大家都去认识一个简单的汉字，然后用画笔画出你们心中的汉字联想画，好不好？""好！"孩子们兴奋地答应着。活动结束后，我特地走到小Q身边,对她说:"小Q,回家后和爸爸妈妈一起完成这个作业,明天来幼儿园和小伙伴们分享,老师相信你可以的!"同时,我也和小Q的家长进行了沟通,向他们说明了今天的活动内容和小Q的表现,希望家长在家中能够继续给予小Q支持和鼓励,共同完成这个有趣的作业,并将作业带到幼儿园投放至语言区。通过这样的家园共育方式,小Q在家庭和学校的共同关爱下,不断地学习和成长,逐渐融入集体学习和生活中,感受知识的魅力和与同伴互动的快乐。

区域游戏活动:姓名印章——小步子学习显成效

音乐响起了,区域游戏活动开始了。班主任在简单组织后,便在全班各个游戏区域进行巡回指导,而我则加入了今天小Q选择的美工区。看着她望着材料有点手足无措的样子,我主动说要给小Q做一枚姓名印章。我将在美工区事先准备好的姓名印章的详细步骤图放到小Q面前,这张图用简单易懂的图画和数字,清晰地展示了整个制作过程。小Q在旁边有模有样地学习着,不一会儿,一个简单的姓名印章就做好了。到了使用姓名印章的环节,我询问小Q想要什么颜色的印章,鼓励她自己选择喜欢的颜色,然后调制好颜料,轻轻涂到印章上,盖在白纸上,最后我帮助小Q在纸的右下角写上了她的名字,同时对她说:"你做得真棒。"随后,她又选择了其他的颜色,不断地重复着。

半天的协同活动里,我和班主任分工明确,在不同的环节里各司其职,发挥着协同教学的价值。半日活动主要环节协同教学的角色转换如表 4-1 所示。

表 4-1 半日活动主要环节协同教学的角色转换一览表

环节	我的角色和职责	班主任的角色和职责
生活活动 (入园、晨间活动等)	嵌入活动支持者:参与小 Q 的集体活动,一对一支持小 Q	主要活动的组织者:负责接待来园的幼儿,组织全体幼儿签到,组织晨间体育活动
集体教学活动	主要活动组织者:示范融合集体活动的实施,进行差异化支持	嵌入活动支持者:协助活动的开展,准备活动材料,及时为小 Q 提供个别化的学习材料
区域游戏活动	嵌入活动支持者:加入小 Q 的活动,一对一支持小 Q	主要活动组织者:负责班级所有游戏区域的巡回指导

四、行为支持:主动行为管理

在融合教育支持的过程中,我看到小 Q 会因为一些需要未被满足而产生相应的行为。就如之前提到的,她总是说"我不要""不要做"。面对小 Q 的行为,我会仔细去想:她想要用行为表达什么?

小 Q 非常在意日程的变化,每当半日活动的流程发生较大变化时,她难以做到很快适应,甚至有的时候会用发脾气、哭闹的方式应对。针对小 Q 的问题行为,融合教育团队的成员们立刻展开评估,建立行为支持方案,为小 Q 量身制定了主动行为管理的行为支持策略。我们安排了每天的值日生,每天待小 Q 入园签到后,就带领她一起去看周计划和当天的一日生活计划表,清清楚楚地告诉她今天的日期,我们待会儿会开展哪些活动,帮助小 Q 为一天的活动做好准备。久而久之,因小 Q 对日程变化、活动转变的焦虑而导致的问题行为就逐步减少了。

五、家庭支持:赋能亲子成长

随着与小 Q 相处的时间渐长,和家长的沟通愈发密切,我深刻地认识到家庭支持对于她成长的重要性。小 Q 的家长和所有孤独症儿童的家长一样,内心怀揣着诸多的困惑、担忧与期待。他们渴望能为孩子提供最好的教育和成长环境,却常常在面对孩子的特殊需求时感到茫然无措。每一次与家长交流,我都能感受到家长那颗想让孩子变得更好的心。

于是,我诚挚地向小 Q 的家长发出邀请,邀请他们参加学校的家长支持活动。在家长支持活动中,小 Q 的家长与其他家长建立起了联系,第一次真正地敞开了心扉。OH 卡体验时,家长们深入探索自己的内心世界,许多积压已久的情绪得以释放,经验分享环节更是让家长们收获颇丰,他们从彼此的故事中汲取了力量,学到了许多实用的方法。

除了家长支持活动,还有赋能团体活动和亲子活动。这些都给小 Q 的家长带来了全新的自我认知和体验。在舞动治疗过程中,家长们从最初的羞涩、拘谨,到逐渐放松,最后尽情地释放自己。他们在舞动中感受到了自己的身体和内心的力量,也明白了只有照顾好自己,才能更好地陪伴孩子成长。小 Q 的家长也表示,这些家庭支持项目让他们和孩子之间的距离更近了,孩子也变得更加开朗和自信了。

第五章

孤独症儿童友好幼儿园与班级建设

第一节 孤独症儿童友好幼儿园的定义与重要性

对于孤独症儿童而言,学校是学习与发展的关键场所,学校教学环境的设计与构建非常重要。这里的环境不仅仅局限于孤独症儿童直接接触的物理教学环境,还包括周围环境调整所带来的心理环境与社会环境。研究表明,为孤独症儿童提供相应的环境支持可以帮助他们减少问题行为,提升他们的学习兴趣和教师的教学效果。因此,孤独症儿童友好幼儿园的建设是非常必要的,目的是全方位优化学习环境,从物理环境到心理环境与社会环境,全方位促进孤独症儿童的成长与发展。

儿童友好幼儿园这一概念是在国务院印发的《中国儿童发展纲要(2021—2030年)》的影响下产生的。作为一种在儿童友好理念驱动下的高质量学前教育模式,其核心在于确保每名儿童享有接受教育的权利,社会有责任积极促进儿童这一权利的充分实现。该模式的一个标志性特点是其全纳性,这既涵盖了普及入园的原则,也体现在无论儿童的家庭背景、儿童的能力水平或表现如何,儿童均能在幼儿园的各项活动中获得平等参与的机会。为实现这一目标,幼儿园的所有活动均须秉持公平、透明、无偏见的原则。儿童友好幼儿园建设的精髓,在于将幼儿置于教育质量提升的核心位置,以全面实现儿童权利为目标,系统性地推动幼儿园整体办学质量的飞跃。这一过程体现了学前融合教育模式的核心理念,即倡导多元主体的协同参与,实施以儿童为中心的教育策略,支持并促进每一名儿童的学习与发展,从而保障儿童的各项权益。

因此,幼儿园在融合教育实践方面的积极探索,不仅是对教育公平的深入践行,也是推动儿童友好幼儿园建设不可或缺的动力源泉,两者在精神实质与实践路径上高度契合,共同构筑起儿童健康成长与发展的坚固基石。

孤独症儿童友好幼儿园可以被看作融合教育理念的实践者,通过为孤独症儿童提供适宜、友好的学习环境和个性化的教育支持,促进他们与普通儿童的融合与交流。在孤独症友好幼儿园的建设中,"儿童友好"这一原则被赋予了更为特殊且深刻的内涵,它特别聚焦于孤独症儿童这一特殊群体的需求与权益,为他们减少障碍,增加对他们的理解和帮助。孤独症友好幼儿园不仅是一个教育场所,也是一个充满理解、包容与支持的环境,旨在通过一系列精心设计的活动,为孤独症儿童创造一个促进其社交、情感、认知及行为等多方面发展的空间。孤独症儿童友好幼儿园应确保每名孤独症儿童都能被接纳,无论他们的能力、行为或沟通方式如何,都能让他们感受到归属感和价值感。同时,孤独症儿童友好幼儿园也呈现出友好幼儿园的普遍特征,即学校的硬件设施与软件资源、空间规划与设计、教育理念、教学设计、课程设置、管理模式及师生互动等方面,都深度聚焦于孤独症儿童的实际需求与发展潜能,力求每一环节都能精准对接孤独症儿童成长的多元化需求,全方位地促进孤独症儿童的全面发展。

第二节 孤独症儿童友好幼儿园与班级的建设

从本质上看,孤独症儿童友好幼儿园,就是为孤独症儿童提供一个支持性的环境。雷显梅(2018)指出,支持性教育环境是指促进个体身心全面健康发展而精心构建的一系列物质条件与精神条件的总和,包括物质环境和心理环境。其中,物质环境是教育实践活动得以顺利进行的基石,适宜的物质环境能让孤独症儿童在安全、舒适的环境中学习与生活。心理环境则是指某时刻与个体有关的所有心理上的环境因素。这种环境虽是隐性的,却深刻地影响着学生的情感体验和人格发展等。对于孤独症儿童来说,支持性的环境能够作为催化剂,促进特殊技能的习得,包括语言能力的发展、社会交往技能的增强等。以下将从支持性的物质环境和心理环境两个方面来阐述怎样建设孤独症儿童友好幼儿园和班级。

一、物质环境设计

研究表明,空间环境对于人是有一定影响的,包括人的心理和生理等方面,对于孤独症儿童这一特殊群体而言,这种影响更为显著,他们更需要一个科学、合理的空间来支持其成长与发展。早在20世纪70年代的TEACCH项目中,相关团队就开始关注孤独症儿童的物质环境。该项目认为孤独症是难以逆转的生理与心理综合障碍,教育目标不是"治愈"孤独症儿童,而是让他们在符合他们特点的环境中发展优势,最终适应社会。该项目还指出,一个安全、可预测的物质环境对于孤独症儿童的理解能力、情绪稳定及技能发展至关重要。蒙台梭利教学法中也强调除了父母与教师的角色,教室环境同样扮演着重要的"第三位教师"角色,以其独特的方式促进儿童的学习。因此,为孤独症儿童打造一个促进学习、激发潜能、适应其特殊需求的物质环境,不仅是必要之举,也是推动他们融入社会、实现全面发展不可或缺的一个环节。这样的环境设计应充分考虑以下几点。

1. 安全、可预测的环境

在孤独症儿童友好幼儿园空间设计中,首先要遵循的原则是安全原则。这里的安全包含两层意思,一是保证孤独症儿童的生理安全,二是让孤独症儿童获得安全感。孤独症儿童的触觉和痛觉通常比普通儿童的触觉和痛觉更为敏感。因此,在环境设计中,应特别考虑使用温和、柔软的材质,避免尖锐和易碎的材质,以减少对孤独症儿童感官的过度刺激。针对孤独症儿童常见的刻板行为、反复行为,甚至可能出现的自伤行为,应采取预防措施,减少安全问题的出现。例如,选择安全、耐用且易于清洁的教具和设备,以防止孤独症儿童在使用过程中受伤。墙面、地板和家具表面应具有防滑、防撞特性。家具应使用无毒环保的材料,并确保所有的边角都进行圆角处理。软装包角处理的家具设施可以降低孤独症儿童在活动中因意外碰撞而受伤的风险,这一点对于孤独症儿童尤为重要,因为他们的身体平衡和肢体协调能力较弱,无法像其他儿童那样及时对环境变化做出反应。

除了保证孤独症儿童的身体安全,还要为他们营造一个有安全感的环境。有研究表明,由于孤独症儿童对所处环境和世界的认知有偏差,他们比同龄的正常儿童更在意周围环境是否给他们带来归属感和安全感。孤独症儿童对环境的可视性、易读性有特殊的需求。因此,这就要求幼儿园确保一个有序且结构化的空间布局,通过地面或墙面的色彩和图案区分不同的功能区域,提供视觉引导,帮助孤独症儿童更好地理解和预测各个区域的用途。清晰的空间布局和明确的功能区域可以引导他们的行为,并减少他们的焦虑。同时,确保孤独症儿童可到达各个功能区域,可以在各个功能区域内自由活动。

在设计时,也要遵循"大环境不变,小部分改动"的原则,适度更改室内空间的局部颜色与设施摆放,保持环境的稳定性,避免频繁变动,减少因环境变化给孤独症儿童带来的不安。另外,为孤独症儿童设置一处私密性的空间也是很有必要的,即为孤独症儿童提供一个可以独处、远离过度刺激和压力的角落。例如,设计小隔间或"藏身"角落,可以用软垫、帘子或矮墙隔开,并提供舒适的座椅和柔和的照明。这可以帮助孤独症儿童在感到焦虑或需要有个人时间时,有一个安全的地方可以待,缓解压力,获得安全感。只有幼儿园环境是有序的、有安全感的,他们才能对周围环境产生信任,才会主动学习和发展。

案例1

针对辰辰情绪起伏较大的问题,教师在班级中设置了"情绪角"。"情绪角"的选址远离幼儿游戏区,设置在安静的角落,教师提供了各种油画棒和纸,供辰辰涂涂画画,缓解情绪。教师还收集了辰辰最喜欢的毛绒玩具作为安抚物,当辰辰有强烈的情绪变化时,教师会带着辰辰在这里缓解情绪。

——苏州幼儿师范高等专科学校附属花朵幼儿园　宋汝贤　周佳炜

2. 适合感知觉刺激的环境

满足孤独症儿童特殊的感官敏感需求是孤独症儿童友好幼儿园的一个重要要求。因为孤独症儿童感知觉神经系统失调,他们的感知觉神经系统与常人存在显著差异。这种差异表现在对感官刺激的反应上可能异常敏感或异常迟钝。过度吵闹、拥挤、气味混杂的环境,会加重孤独症儿童处理感官信息时的困难,使他们难以有效应对这些强烈的感官刺激,从而导致他们对环境产生焦虑并出现退缩行为。

孤独症儿童在感知信息时往往倾向于依赖较为单一的通道,尤其是视觉通道,表现出强烈的视觉偏好倾向。因此,在构建环境时,可以巧妙地融入视觉引导性的设计元素,用生动、形象、直观的事物来布置环境。精心设计的视觉环境,不仅能够增强他们的注意力与参与度,还能在潜移默化中提升他们的认知与社交技能。例如,用一些有关"分享"的画布置教室,帮助孤独症儿童懂得"分享"的意义,但画不宜过多。

由于孤独症儿童的视觉敏感度往往会高于正常儿童,因此也要注意教学环境的光线和色彩的使用,防止孤独症儿童受到较强烈的刺激而出现情绪波动。有研究发现,冷色调可以帮助孤独症儿童保持冷静,而高饱和度的颜色会给他们带来刺激。因此,空间色彩的选择需要注意两点:第一,调节同色系颜色的饱和度和亮度,使室内环境的色彩协调一致,优化视觉感知体验;第二,主要选用冷色调,但同时也要兼顾孤独症儿童社会适应性的训练,在大面积使用冷色调的同时加入暖色调,使色彩平衡,有助于孤独症儿童对正常色彩概念的认知。尤其是白色的使用需要适度,大面积的白色会给他们带来不适。另外,教学环境的光线亮度要柔和、适中,不能亮度过高,也不能亮度偏低。亮度过高,会对孤独症儿童的眼睛造成伤害;亮度偏低,会使孤独症儿童产生消极的情绪。

案例2

日常行为规范视觉提示卡

所需材料:日常行为规范视觉提示卡。

设计理念:

孤独症儿童在面对环境变化或流程变化时,往往会遇到理解和适应上的困难。尤其在学校的集体生活中,由于他们在语言和理解方面可能存在障碍,传统的口头告知方式可能无法有效地传递信息。因此,日常行为规范视觉提示卡可以帮助他们更好地理解和遵守日常生活中的行为规范。

使用方法:

(1)可以将日常行为规范视觉提示卡制作成便携式的,也可以做成一本灵活取放的卡册。班级影子老师和班主任各准备一套,以便对孤独症儿童有统一的要求。

(2)卡片内容可以包括"手放好""坐好""眼睛看老师""排好队""举手

回答问题"等,根据实际情况进行补充。所要选用的图片要清晰,易辨认,建议以图文结合的形式。

(3) 开始使用日常行为规范视觉提示卡前,要向孤独症儿童讲解,通过模仿、匹配游戏,确保孤独症儿童明白日常行为规范视觉提示卡的用途和具体使用方法,在实际情境中运用,引导他们建立恰当的行为规范。

部分孤独症儿童对声音有异常的敏感性。一些在常人听来正常的声音,对他们来说可能过于刺激。他们往往难以忍受过大或突然的声音,可能会因为噪声而感到不适、惶恐、焦虑,甚至痛苦,从而产生一些过激行为。考虑到孤独症儿童的这些特性,孤独症儿童友好幼儿园需要特别关注环境的舒适度和安静度。这类幼儿园最好建在安静的地方,远离嘈杂的街区或交通要道,减少外部噪声的干扰。若有较大的声音,可以用隔音材料来减少声音在房间内部的传播,如双层玻璃窗、隔音墙和门等。室内材料应该选择有孔的吸音材料,如吸音板、软包墙面、窗帘和地毯,以降低回声和噪声。根据具体空间的不同使用功能,选用不同材质的吸音材料,如音乐教室的墙体使用海绵吸音材料。另外,还可以在这类幼儿园的活动区和休闲区播放一些轻松愉快的音乐和一些大自然的声音,例如,鸟的叫声、海浪声、风声、雨声等,为孤独症儿童营造一个和谐、舒适的学习和生活环境。

孤独症儿童普遍存在触觉异常,包括触觉敏感性不足或过高等,因此需要重视室内空间的使用材料和棱角设计。有些孤独症儿童在婴幼儿时期就会排斥他人的拥抱和抚摸,对肢体接触很抵触,这是触觉过度防御的表现。因此,在孤独症儿童友好幼儿园里,需要减少边角尖锐的材料的使用,多使用边角圆润的材料。但同时也有研究指出,适度的触觉刺激,对孤独症儿童的情绪与行为矫正有较好的疗效。不同的材料展现出不同的质感和特征,通过触摸可以感受不同的肌理感,刺激孤独症儿童的运动神经,也可以帮助他们主动探索、感知和回应外界环境,逐渐建立起更加积极和健康的社交模式。因此,不同材质的墙面、家具和玩具在孤独症儿童友好幼儿园里是必不可少的(比如,墙面的设计可以加入木质材料,不仅将自然元素引入了室内环境,丰富肌理感,也给孤独症儿童带来了强烈的触觉感知;阅读区的窗帘可以选用纺织材料,柔软、细腻的触感可以使孤独症儿童更快地平静下来,使其心情舒畅)。

部分孤独症儿童存在嗅觉和味觉的感觉处理异常,表现为对特定刺激的过度敏感或迟钝,因此,需要重视幼儿园室内外的气味。第一,要做好气味管理。在幼儿园中应尽量避免使用或暴露这些可能引发强烈反应的气味源。第二,定期通风换气,使用无刺激性气味的清洁剂,减少化学物品的使用,确保室内空气清新和无异味。第三,如果条件允许,可以根据孤独症儿童的个别喜好,适度调整环境气味,如使用他们喜欢的香薰或植物来营造温馨和舒适的环境。

在味觉方面,大多数孤独症儿童存在偏食现象,倾向于选择那些能给予他们强烈味蕾刺激的食物,如高糖、高脂肪或高盐分的食品。因此,幼儿园应考虑提供多样化的食物选择,逐步引导他们尝试和接受新的食物种类。另外,还应确保食物的来源可靠、烹饪方式健康,避免孤独症儿童生吞或食用不安全的食物。同时,根据孤独症儿童的喜好和饮食习惯,合理安排膳食。

3. 促进兴趣发展和社会互动的空间

孤独症儿童的兴趣较为狭窄,他们往往只对特定事物有强烈的好奇心,而面对新事物时则缺乏主动探索与学习的动力。因此,孤独症儿童友好幼儿园须着重提升活动区域的趣味性,并引入多样化的活动项目,激发孤独症儿童的参与热情与好奇心,鼓励他们依据个人兴趣自主选择活动,这一过程也是挖掘其潜在的特殊才能的关键途径。同时,也要将孤独症儿童感兴趣的事物融入教学实践和空间布置,尊重孤独症儿童的个性化需求,全方位地激发他们的积极情绪体验和学习动机。

另外,有研究指出,孤独症儿童的社交行为受到环境的影响。因此,孤独症儿童友好幼儿园应考虑创造促进自然社交互动的空间,如设置可供儿童自由探索和互动的开放区域,以及专为小组活动设计的多功能空间。利用主题空间和游戏化的手段来引导、抚慰、鼓励、关怀孤独症儿童,让他们在空间中完全放松的同时,达到提升社交能力的目的。例如,通过游戏化的设计策略,如图片交换沟通系统联合团体沙盘游戏,可以有效地提升孤独症儿童的社交及语言能力。主题艺术区活动也能通过优化艺术环境和材料,促进孤独症儿童交往能力的提高。这种设计策略可以增加孤独症儿童的社交互动机会,同时让普通儿童在这个过程中了解孤独症儿童,接纳孤独症儿童。

案例3

我的日程表

所需材料:

带有时间安排的表格、塑封膜、粘扣、孤独症儿童的照片。

设计理念:

孤独症儿童往往对日常生活的安排有更高的需求。一个清晰的日程表可以帮助他们明白接下来要做什么,减少焦虑和不确定性。许多孤独症儿童对视觉信息的处理比对语言信息的处理更为敏感。使用图片、符号的日程表可以帮助他们更好地理解和记忆日常活动。活动图片可以随意替换,以满足每个孤独症儿童不同的兴趣和需求。使用孤独症儿童自己的照片可以增加日程表的个性化程度,使其更容易识别和关联到即将进行的活动。熟悉的面孔和场景可以减少焦虑,因为孤独症儿童更容易与自己的照片建立联系。

使用方法:

(1) 收集照片。为孤独症儿童的日常活动拍摄或选择照片,确保照片清晰、易于识别。

(2) 粘贴照片。根据每天的实际活动安排,按照时间顺序将照片粘贴在第二列对应的格子里。例如,如果今天有画画活动,就粘贴一张画画的图片。允许孤独症儿童通过视觉识别即将进行的活动,增加日程表的灵活性。

(3) 解释日程表。向孤独症儿童介绍日程表的每一列及其对应的功能,特别是他们自己的照片如何代表即将进行的活动。将查看和讨论日程表纳入每日晨间常规流程,帮助孤独症儿童了解当天的安排。

(4)进行日常活动。在活动开始前,引导孤独症儿童查看日程表,并指出即将进行的活动(通过他们自己的照片)。

(5)标记。一旦孤独症儿童完成一个活动,引导他们到日程表前,在第三列的对应位置进行标记(如贴上贴纸)。对孤独症儿童完成活动的行为给予积极的反馈和鼓励,增加他们的成就感。

(6)更新日程表。根据孤独症儿童的反馈和需要,适时调整日程表中的活动安排和照片。确保日程表反映最新的活动安排,如果孤独症儿童的兴趣或活动有所变化,及时更新照片。

案例4

认识图形结构化教具

所需材料:

图形嵌板(教具)、视觉提示卡。

设计理念:

通过分解步骤式的视觉提示卡,引导孤独症儿童学会从左往右依次摆放物品,最主要的是通过图形嵌板来帮助孤独症儿童学会匹配图形,认识正方形、圆形和三角形。

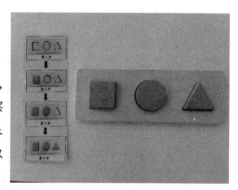

使用方法:

(1)将教具的每一个操作步骤拍下来,按顺序做成结构化操作流程图,确保孤独症儿童能够一目了然地了解任务流程和执行步骤。

(2)确保工作环境的整洁和有序,减少干扰因素,为孤独症儿童提供一个安静的工作空间。

(3)在工作过程中,注意引导孤独症儿童形成从左到右有规律的行为习惯。

案例5

围出图形操作板

所需材料：

带有3×3孔的方形木板、9根彩色小木棍、红绳、视觉提示卡。

设计理念：

由于孤独症儿童独立工作能力较弱，对"怎样才可以完成任务？"的理解存在困难，因此使用分解步骤式的视觉提示卡帮助孤独症儿童了解任务

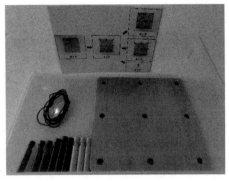

的步骤。在案例中，孤独症儿童可以按照视觉提示卡做好材料准备，用红绳绕出学过的形状，比如正方形、长方形、三角形、平行四边形等，锻炼精细动作，还可以发挥想象力用红绳绕出各种不规则的形状。

使用方法：

（1）将所需的物品都放进一个透明框里，方便收纳。

（2）从最简单的正方形开始，逐步增加任务的难度，帮助孤独症儿童逐步掌握更多复杂形状。

（3）对于孤独症儿童付出的努力和取得的进步，教师要及时给予正面的激励，以增强孤独症儿童的学习动机。

二、心理环境建设

由于孤独症儿童在社交理解、情感表达及非言语沟通等方面存在的天然障碍，往往在社交互动中面临显著的困难。由于这些困难，他们可能在学校感到被他人孤立，难以融入集体活动，有时甚至会遭受同伴的误解和排斥。因此，为了帮助这些孩子更好地适应学校生活，孤独症儿童友好幼儿园的构建不仅需要精心设计的物质环境，以满足孤独症儿童对秩序和结构的需求，还需要创造一个支持、包容的心理环境。这需要教育工作者和家长的共同努力，营造一个充满同理心和支持的社交氛围，同时采用专门的教育策略和社

交技能训练,以促进孤独症儿童社交能力的发展。在这样的班级环境中,孤独症儿童能够感受到被接纳和尊重,从而促进他们的社交互动和情感发展。心理环境建设应当注重以下几个方面。

1. 教师的专业素养和情感支持

教师的专业素养对于为孤独症儿童创造一个包容、支持的心理环境格外重要。有研究指出,当前社会往往聚焦于孤独症儿童如何融入常规社会环境,却忽视了反向的同理心需求——非孤独症个体对孤独症世界的认知与理解不足。这一现象深刻揭示了教育体系内,包括教师群体在内,对孤独症认知的局限性,进而凸显了在孤独症儿童友好型幼儿园中营造双向包容与理解的学习氛围的紧迫性。

教师,作为这一变革过程的核心驱动力,不仅是知识的传授者,也是校园文化的塑造者和班级氛围的调控者。教师的态度与行为如同风向标,直接影响着班级内其他儿童对孤独症儿童的态度和接纳程度。因此,提升教师对孤独症的专业认知成为首要任务。这不仅能够增强他们识别孤独症儿童个性化需求(如独特的社交模式、情绪表达及学习偏好)的能力,还能促使他们采用更具针对性的教学策略,促进孤独症儿童在社交、情感及学业上的全面发展。

为了达成这一目标,第一,教师需要积极参加孤独症相关的专业培训,持续学习与孤独症相关的专业知识,包括孤独症的病理机制、行为特征、沟通技巧、干预策略等。在充分学习专业知识的基础上,教师应将理论进一步融入实践。第二,教师要识别孤独症儿童的个性化需求。孤独症儿童因为功能性技能的不足及对环境高度一致性的需求,经常出现问题行为。教师应避免简单地将此类行为视作儿童的破坏性行为,而应深入剖析其背后的复杂成因,积极寻求并实施旨在减少问题行为频发的策略。例如,在一项研究中,孤独症儿童在学校中的过渡问题非常明显,孤独症儿童出现了哭闹、逃跑等一系列的问题行为。这是因为他们每天面临很多不同的教学活动,往往出现转换困难的问题。教师使用的视觉化日程表,可以有效地改善孤独症儿童在学校中因为活动转换而出现的问题行为。这建立在教师对孤独症儿童独特需求的识别上,即教师深刻认识到出现问题行为是因为环境没有满足孤独症儿童所需要的可预测性,日程表可以降低他们对于未来的焦虑;并且,可视化的日程表也利用了孤独症儿童的视觉优势,有助于他们可以预知整体的活动和安排,避免情绪和行为问题的发生。因此,教师识别孤独症儿童特殊需求的能力对创造包容、支持的心理环境极为重要。

案例6

我们为辰辰创设了理解、接纳的班级环境。辰辰的语言表达能力和社会适应能力比普通幼儿弱,对于环境的改变和场域的调整需要提前预警,因此我们在班级中设置了一日生活流程指导,用图片的方式让他明确不同的时间段要开展的不同活动,在活动转换时教师或阿姨提前提醒,帮助其整理和收纳玩具。在座位安排上,因其规则意识较弱、注意力分散、指令接收能力差,所以在集体教学活动时,辰辰会坐在离教师最近的位置,以便教师更好地关注到他的个人需求。

——苏州幼儿师范高等专科学校附属花朵幼儿园　宋汝贤　周佳炜

第三,教师还要给孤独症儿童设置合理且个性化的期望值,实现差异化教学。这意味着教师不能简单地将全班统一的评价标准或进度要求强加在孤独症儿童身上,因为他们的认知、社交及情感发展可能存在显著差异,一刀切的标准往往无法准确反映他们的实际能力和成长轨迹。相反,教师须深入了解每名孤独症儿童的具体情况,包括他们的兴趣点、强项、弱项及面临的挑战,据此量身定制学习目标和发展计划。这些目标应既具有挑战性,又确保在其可以达到的范围内,目的是激发他们的潜能,同时避免给他们带来不必要的挫败感。基于不同层次目标的设置,教师应制订多样化的教学计划和设计多样化的教学课程,确保这些计划能够灵活调整,以精准匹配每名孤独症儿童的独特学习需求。这要求教师不仅要关注教学内容的适应性,还要在教学方法上寻求创新,如对于某些在视觉学习上有优势的孩子,可以更多地使用图表、图片和视频,以激发其学习的兴趣和动力。通过定期评估和调整这些期望值,教师可以确保孤独症儿童以适合自己的节奏稳步前进,享受学习带来的乐趣和成就感。因此,教师的专业素养是为孤独症儿童提供一个支持性环境的关键性因素。

案例 7

我们了解到辰辰的逻辑思维能力稍弱于同龄的孩子,一些逻辑类的问题他并不能很好地解决,因此,通过评估和交流,我们在个别化课程中将辰辰每周的个训活动内容进行了调整,由区指导教师来训练辰辰的逻辑思维。

——苏州高新区成大实验幼儿园　张瑞祥

教师的情感支持对孤独症儿童至关重要。孤独症儿童在情感交流方面存在困难,他们往往难以理解他人的情感,也无法有效表达自己的情感。这种障碍使得他们在社交互动中显得格格不入,使得他们容易产生孤独感和焦虑感。尽管孤独症儿童在社交上存在障碍,但他们对人的依赖感实际上远远高于正常儿童。他们渴望得到他人的关注和爱,只是由于交流障碍而无法有效表达这种需求。有研究表明,教师对孤独症儿童的关注可以显著改善他们的认知、语言、注意力、情绪和行为等方面的表现。这一发现强调了教师情感支持的重要性,其不仅有助于孤独症儿童的情感发展,还可能对整体学习和发展产生积极的影响。

具体而言,提供情感支持的方式可以多种多样。第一,教师需要展现出对孤独症儿童的同理心,了解他们的独特性和可能遇到的困难,并帮助他们提高自我效能感。英国的一项研究表明,大部分孤独症儿童都表达了想让学校里的所有人,包括他们自己了解孤独症,并积极地看待孤独症的愿望。这项研究结果启示教师要创造一种具有包容、支持的学校和班级文化。在这种文化中,所有学生都被视为平等的个体,个体差异是教育系统的重要资产,应通过支持性策略实现差异包容而非消除。这可以通过宣传成功的孤独症榜样来实现,引导学生和教师看到孤独症带来的优势(如专注力强、对细节敏感等),而不仅仅是孤独症的缺陷。这种积极的视角有助于减少学校教师和儿童对孤独症的偏见和误解,同时增强孤独症儿童的自信心和适应能力。

案例8

通过"不一样的我""我给朋友点个赞"等活动,鼓励孤独症儿童接纳同伴,发现同伴和自己的闪光点,帮助孤独症儿童了解同伴,互相欣赏。当辰辰有进步时,教师会在全班面前大加称赞。久而久之,班级的幼儿对辰辰接纳度越来越高。

——苏州幼儿师范高等专科学校附属花朵幼儿园　宋汝贤　周佳炜

第二,教师应与孤独症儿童建立平等、信任的师生关系。在日常生活和教学活动中,孤独症儿童可能会表现出与其他儿童不一样的行为或不在教师预期内的行为,教师不应该片面地否定或指责这种行为。教师应给予孤独症儿童积极的关注,仔细观察他们的行为,用欣赏的眼光去看待他们的探索性行为。通过眼神交流、微笑、点头等非言语方式表达对他们的认可和赞赏。这种关注可以增强孤独症儿童的自信心和归属感。

案例9

从拥抱开始,我们在更多场景下尝试用不同的方式和轩轩进行互动,有时是完成小任务后的击掌,有时是表示感谢的握手。轩轩也开始愿意和更多的教师拥抱、打招呼。

——苏州高新区枫桥天之运幼儿园　潘雪娜

第三,教师作为沟通家长与学校的桥梁,有责任让所在班级幼儿的家长了解并接受班级中的孤独症儿童。当其他儿童家长了解并接受孤独症儿童时,他们才可能积极地支持和配合,如协助教师关注孤独症儿童的需求、参与相关教育活动等。这种家校合作有助于形成教育合力,提升针对孤独症儿童的教育效果。教师可以引导普通儿童充当家长间交流的小使者,比如,让普通儿童回家跟家长说说本班孤独症儿童在学校中取得的进步和在幼儿园里发生的有趣事情。教师也可以定期组织家长交流活动,邀请专家介绍孤独症儿童的特点和教育方法,促进家长之间的交流和相互理解。在家长会上,教师可以分享成功的案例,展示孤独症儿童最近取得的成就及他们如何与其他儿童建立友谊和进行互动的例子，增强家长的信心和接纳度。另外，也可以利用家校联系簿、微信群等渠道，定期向家长推送关于孤独症儿童在校表现的信息，并鼓励家长提出问题和建议，形成双向沟通的良好机制，促进孤独症儿童更好地融入社会。

案例 10

通过书籍、PPT、心理老师、特教老师等多种渠道，幼儿家长了解孤独症的一些基本知识，早期干预孤独症的重要性，孤独症儿童在人生道路上可能遇到的挑战。学校和家长一起揭开孤独症的面纱，从而让家长从思想上重视起来，并转变以往的教育方法。

——苏州市相城区御窑幼儿园　喻　云

由此看来，教师的专业素养和情感支持可以为孤独症儿童营造一个包容、支持的班级氛围。

2. 同伴关系

同伴关系是影响孤独症儿童情绪与行为的重要因素之一。孤独症儿童的核心障碍之一是社交障碍，他们不懂得如何与别人交往，缺乏解读别人心理的能力。良好的同伴关系能够为孤独症儿童提供社交互动的机会，帮助他们在实践中学习和掌握社交技能，从而逐渐缓解社交障碍。在与同伴相处的过程中，孤独症儿童可以模仿同伴的言行举止，学习如何表达自己的情感和需求，以及如何回应他人的情感和需求。这种模仿和学习过程有助于孤独症儿童更好地融入社会。与同伴的交往过程往往充满乐趣和欢笑。孤独症儿童在参与同伴活动时能够体验到快乐和幸福，培养积极、健康的情绪管理能力。由此可见，良好的同伴关系不仅能为他们提供情感上的支持和安慰，还能帮助他们更好地适应环境和融入社会。

具体来说，良好的同伴关系可以通过加强对学前普通儿童的引导，提升孤独症儿童的社交能力来实现。国外的一项研究指出，若教师不引导普通幼儿与其互动，孤独症儿童发起的交往仅有一半普通儿童会给予回应。因此，教师应通过讲解、体验等活动帮助普通儿童认识到差异是一种正常的现象；通过绘本讲解或模仿游戏来帮助普通儿童理解孤独症儿童的一些异常行为并不是故意的，从而消除对他们的误解。在理解的基础上，教师可以通过设计专门的教学活动和在日常生活中的渗透教育,向普通儿童传授与孤独症儿童有效互动的策略。这些策略旨在增强部分普通儿童的社交能力,使他们能够更好地与孤独症儿童互动和游戏,满足他们的需求,培养基本的社交技能,最终实现通过同伴介入法帮助孤独症儿童融入社会的目标。另外,教师还可以从孤独症儿童入手,比如,使用绘本故事、同伴示范等方法向孤独症儿童讲授基本的社交技能;也可以创造更多的机会,让孤独症儿童与普通儿童相处(在安排座位时,让普通儿童和孤独症儿童坐在一起;尽可能延长他们单次游戏的时间)。通过这些方式,孤独症儿童拥有更多与同伴相处的机会,并获得一个包容和支持的社交环境。

案例 11

教师选择班级中"性格温和""能力较强"并能和辰辰一起游戏的普通幼儿作为"同伴教练",鼓励他们在游戏情境下带领辰辰一起玩。通过培训"同伴教练",当辰辰遇到问题,"同伴教练"能做出正确的反馈,并帮助辰辰解决问题,教师对辰辰和"同伴教练"给予正向强化。如辰在争抢玩具推车时,"同伴教练"会提醒他与其他幼儿一起玩;收拾玩具时,"同伴教练"提醒并拉着辰辰一起尝试整理玩具。一段时间后,辰辰的社交能力有了明显的进步。

——苏州幼儿师范高等专科学校附属花朵幼儿园　宋汝贤　周佳炜

3. 家庭的支持

家庭的支持是幼儿园工作顺利开展的前提。孤独症儿童最终需要融入社会,与各种人群进行交往。教师在班级中促进家长对孤独症儿童的理解和接纳,实际上是在为孤独症儿童融入社会做准备。当家长和普通儿童都能够理解和接纳孤独症儿童时,孤独症儿童在未来融入社会时将面临更少的障碍和挑战。

为了达成这一目标,教师可以采取以下措施。

第一,加强沟通。定期与家长进行沟通,介绍孤独症儿童的基本情况、教育进展和需要家长配合的事项。组织成立家长委员会,构建与幼儿园对应的家长交流平台,如微信群、公众号等,保证信息的及时沟通。

第二,组织活动。组织班级活动或亲子活动,增进家长与孤独症儿童之间的互动和了解。

第三,提供资源。向家长提供关于孤独症教育的专业书籍、网站或咨询机构等资源,帮助他们更好地理解和支持孤独症儿童。

第四,建立支持网络。鼓励家长之间建立互助支持的网络,共同分享经验和资源,为孤独症儿童营造一个更加包容和支持的成长环境。

综上所述,为孤独症儿童构建一个包容、支持的心理环境,离不开教师、同伴和家庭的共同努力与协作,这三者共同形成了强大的教育合力。教师的专业素养和情感上的支持与理解对孤独症儿童的心理发展至关重要。同时,良好的同伴关系能够帮助孤独症儿童提高社交技能,增强归属感。而家庭作为儿童成长的第一环境,其支持与理解更是不可或缺,它们共同影响着幼儿心理环境的营造。通过这三个方面的协同作用,孤独症儿童友好幼儿园能够为孤独症儿童提供全方位、多层次的支持与服务,不仅关注他们的学习需求,更重视他们的情感发展与社会适应能力的培养。

三、总结

在深入探讨了孤独症儿童友好幼儿园和班级建设的多维度要求后,我们可以得出这样的结论:为孤独症儿童打造一个全方位支持的学习与发展环境,不仅是教育公平的体现,也是推动儿童全面发展的重要举措。孤独症儿童友好幼儿园的建设,不仅要求物质环境的精心设计与优化,以满足孤独症儿童对安全、可预测、感官适宜的环境的特殊需求,还要求在心理环境上营造包容、支持的氛围。通过提升教师的专业素养、强化情感支持和促进良好的同伴关系,为孤独症儿童提供一个能够激发潜能、促进社交互动、增强归属感和价值感的空间。

在未来的教育实践中,我们呼吁社会各界更加关注孤独症儿童的成长需求,以融合教育理念为引领,不断探索和创新教育方法与策略,确保每一名孤独症儿童都能在适宜的环境中快乐学习、健康成长。同时,加强家园合作,形成教育合力,共同为孤独症儿童的社会融入与发展保驾护航。

第六章
孤独症儿童的情绪与行为支持

第一节 孤独症儿童的情绪与行为支持的重要性

在孤独症儿童中,情绪与行为问题的出现频次远高于一般儿童。这些问题可能表现为情绪波动大、难以表达和理解情绪、焦虑、抑郁、攻击性行为、重复刻板行为,以及对环境变化的敏感等。自我伤害行为在孤独症儿童群体中也属频繁出现的一种问题行为。一项针对222名平均年龄为5岁的孤独症儿童的研究显示,约有半数的孤独症儿童曾展现出自我伤害的行为模式。另一项利用Achenbach儿童行为量表(Child Behavior Check List,简称CBCL)评估的研究发现,孤独症儿童在社会退缩、抑郁、躯体主诉、攻击行为、破坏行为等因子评定阳性率高于正常对照组。实验结果说明了孤独症儿童在情绪、行为问题上的普遍性和严重性。这些情绪与行为问题不仅影响孤独症儿童的日常生活和学习,还可能对其家庭和社会造成压力。对于个人而言,不仅构成学习进程的重大障碍,其伴随的攻击性与自我伤害等行为问题还深刻影响着与同伴之间的交往,阻碍了其人际关系的正向构建与发展。就家庭层面来看,孤独症儿童的行为问题不仅不利于他们自身的身心健康与日常生活技能的培养,在极端情况下还可能导致其生活无法自理,从而加剧家庭的经济与精神负担,削弱家庭的整体幸福感。至于社会层面,当具有显著行为问题的孤独症儿童进入普通教育体系时,可能扰乱课堂纪律,干扰教学流程的正常进行,这无疑对融合教育的深入实践与广泛推广构成了挑战。因此,针对孤独症儿童的行为问题,采取有效的干预措施就显得尤为迫切与重要。

第二节　孤独症儿童情绪与行为问题的识别

一、情绪问题的具体表现

1．焦虑

（1）他们可能表现出对特定环境或情境的过度担忧和恐惧，如在学校、社交场合等。

（2）他们可能表现出不安、紧张、易激动，以及对新事物的抗拒。

2．抑郁

（1）情绪低落是他们的常见表现，他们可能长时间地感到悲伤、沮丧，对周围的事物失去兴趣。

（2）能量减少，活动水平下降，表现出疲劳或缺乏活力。

（3）自我评价低，可能有自我贬低的言论，感到自己无能或没有价值。

3．易怒，情绪不稳定

（1）他们的情绪调节能力较差，容易因为小事而大发雷霆，出现攻击性言语或行为。

（2）他们的情绪波动大，难以预测，可能上一秒还在笑，下一秒就突然发怒。

（3）在遇到挫折或变化时，他们容易情绪激动。

二、行为问题的具体表现

1．刻板行为

（1）他们常常表现出重复的、固定的、无明确意义的某种行为，如反复甩手、反复玩手指、反复摇晃身体等。

（2）他们还可能对特定的物品或活动有过度的兴趣，如只喜欢玩某一种玩具或做某一件事。

（3）对日常活动（如穿衣、吃饭）有固定的顺序要求，对任何改变都感到不安。

（4）口语的刻板行为，如发出尖叫声和怪声。

2. 攻击性行为

(1) 他们可能由于情绪失控或无法表达自己的需求而表现出攻击性行为,如打人、咬人、踢人等。

(2) 使用侮辱性或攻击性的语言。

(3) 故意破坏物品或环境。他们的攻击性行为可能是无意识的,也可能是为了引起注意或保护自己。

3. 自我伤害

(1) 少数孤独症儿童可能出现自我伤害的行为,如用头撞墙等。

(2) 这些自我伤害行为可能是他们表达不适或痛苦的一种方式,也可能是为了获得某种感官刺激。

三、成因

(1) 从儿童自身角度出发,孤独症儿童展现出神经发育层面的异常,这种异常状态可能对其情绪调节机制造成不利影响。具体而言,孤独症儿童的情绪记忆特征往往与神经网络结构的偏离相关联,这种偏离深刻地影响了他们在社交场合中的互动模式和情感认知的深度。进一步讲,孤独症儿童在情绪调控方面表现出显著的障碍,体现为适应性情绪调节策略的匮乏与对非适应性情绪调节策略的过度依赖。因此,这些根植于生物学的差异性构成了孤独症儿童在情绪处理过程中遭遇挑战的重要基础。

(2) 环境因素也对孤独症儿童的情绪问题有重要影响。例如,随着感觉异常的加重,孤独症儿童的情绪行为问题表现得越明显。这表明孤独症儿童可能因为对特定感觉刺激的过度敏感或不耐受而产生负面的情绪反应。感觉异常与行为问题呈正相关。

(3) 孤独症儿童的家长焦虑、抑郁情绪与孤独症儿童的情绪、行为问题存在一定的关系。这可能是因为父母的情绪状态直接影响到孤独症儿童的情绪体验和行为表现。此外,孤独症儿童家长面临的压力也可能加剧孤独症儿童的情绪问题。家长长期照顾孤独症儿童,面临着各方面的压力,这些压力可能通过家长的情绪或状态传递给孤独症儿童,从而影响其情绪。

四、评估工具

1. ABC 量表

ABC 量表（Autism Behavior Checklist），即孤独症儿童行为评定量表，是由克鲁格等人于 1978 年编制的，后由北京精神卫生研究所杨晓玲等于 1989 年引进并进行了修订。该量表主要用于孤独症儿童的筛查和诊断，包含 57 个描述孤独症儿童在感觉、行为、情绪、语言等方面异常表现的项目，可归纳为五个因子：感觉、交往、躯体运动、语言、生活自理。每个条目都有明确的评分标准，以量化孤独症儿童的行为表现。总分越高，表示孤独症症状越明显。相关条目可用于情绪行为问题评估。

2. CARS 量表

CARS 量表（Childhood Autism Rating Scale），即儿童孤独症评定量表，通过 15 个评估项目，从人际关系、模仿、情感反应、躯体运用能力、语言交流、非语言交流等方面对孤独症儿童进行全面的评估。每个项目根据症状的严重程度进行评分，最终得出总分，用于判断孤独症的严重程度。

3. 孤独症儿童情绪与行为评估表

这类评估表通常包含多个条目，用于评估孤独症儿童在不同情境下的情绪反应和行为表现，如焦虑、抑郁、攻击性、自我伤害等。

4. 功能性生活技能评估

该评估工具不仅关注孤独症儿童的情绪与行为问题，还关注他们的生活自理能力和社交技能等方面。

5. Achenbach 儿童行为量表

该量表适用于评估孤独症儿童的情绪和行为问题，包括社会退缩、抑郁、躯体主诉、攻击行为、破坏行为等因子评定。

6. 孤独症儿童焦虑量表

该量表专为孤独症儿童设计，具有较好的测量学属性，是目前推荐使用的孤独症儿童焦虑评估工具。

五、行为功能分析

行为功能分析是一种评估和理解孤独症儿童行为背后原因和功能的方法。这种分析方法的目的是识别特定行为的动机和功能，以便制定有效的干预策略。行为功能分析的核心在于分析行为发生的环境因素(前因)和行为带来的后果,以及这些因素如何共同影响个体的行为。以下是行为功能分析的关键组成部分。

1. 前因(Antecedents)

前因指在行为发生之前出现的环境因素,这些因素具有增加或触发特定行为的可能性。前因不仅可以是简单的环境提示,如声音或光线,也可以是更复杂的社会交互。

2. 行为(Behavior)

行为指需要分析的特定行为或一组行为,这些行为通常是问题行为,如攻击性、自我伤害、逃避任务等。

3. 后果(Consequences)

后果指行为发生后的结果,包括环境中立即发生的任何变化。后果可以是正性的(如获得奖励或注意),也可以是负性的(如逃避不愉快的情境或任务)。

4. 功能(Function)

功能指行为所服务的目的或需求,即行为的功能。这可能是为了获得某种形式的强化或逃避某种不愉快的情境。行为的功能可能包括但不限于:获得注意,获得实物,获得感官刺激,逃避任务。

六、家长和教师反馈的收集

家长和教师是孤独症儿童日常生活中重要的观察者,他们的反馈对于评估至关重要。

定期会议:安排定期的家长与教师会议,讨论孤独症儿童的行为和情绪表现。

行为日志:鼓励家长和教师记录孤独症儿童在家和学校的行为表现,包括积极的行为和需要关注的行为。

问卷调查:使用标准化问卷或自定义问卷来收集家长和教师对儿童情绪和行为问题的看法和经验。

开放式对话:建立一个开放的沟通渠道,让家长和教师能够自由地分享他们观察到的问题和担忧。

第三节 情绪调节策略

一、情绪认知教育

简单明了的语言:孤独症儿童可能难以理解复杂或抽象的概念,因此可以使用简单、直接的语言来描述情绪。

情绪识别卡片:利用情绪卡片(上面有不同情绪的表情图片),教孤独症儿童识别和命名不同的情绪。

角色扮演:通过角色扮演游戏,孤独症儿童模拟不同的情绪情境,从而学会理解和表达情绪。

情绪视频:考虑到孤独症儿童在情绪共情能力方面的不足,以及他们在情绪识别等方面存在的问题,可以通过视觉辅助工具来帮助他们更好地理解和识别不同的情绪。例如,使用记录自身情绪的视频可以帮助孤独症儿童理解并泛化他们对情绪的认识。这种方法已经在实践中显示出积极的效果,能够提高孤独症儿童的情绪识别和理解能力。

情绪主题绘本阅读:阅读有关情绪的绘本,讨论绘本中的人物,并与自身的情绪体验联系起来。这种方法通过增加对情绪表达的关注时间和注视次数,减轻孤独症儿童的情绪负担。

案例1

刚开始小Z只是坐不住,后来阅读绘本的时候,小Z突然跳起来拍手,并摆动身体,于是我就在课余时间单独给他讲述绘本,但发现他情绪更加激动了。我就问他:"是不是很喜欢呀?"他点了点头。"那我们下次和小朋友一起坐下来听故事,能做到的话就抱一抱老师。"紧接着,他抱了抱我,我将情绪小怪兽贴纸奖励给他,他开心极了。等到下一次他再次坐下来的时候,我立马奖励他小怪兽贴纸,告诉他这样很棒。逐渐地,小Z开始时不时地坐在座位上,和大家一起学习本领。

——苏州市平江实验幼儿园 谭珺月

情绪绘画:让孤独症儿童通过绘画表达自己的情绪,这是一种非语言的情绪表达方式。

情绪标签:在日常生活中,当孤独症儿童表现出某种情绪时,及时给予情绪标签,如"你看起来很高兴"或"我感到你很伤心"。

社交故事:依据孤独症儿童独特的学习方式和认知特点,遵循精心设计的指导原则而编写的故事。这些故事不仅富有启发性,还能加强孤独症儿童对复杂的社交情境的理解与感知。通过沉浸于社交故事之中,孤独症儿童能够逐步培养出主动、自发的社交意识,学会在各类社交场景中做出恰当且适应性的反应。大量的实践案例证明,社交故事在帮助孤独症儿童减少问题行为、提升情绪认知与社交技能方面展现出了显著的成效。

二、情绪表达与调节

1. 呼吸练习

呼吸练习是一种简单而有效的方法,可以帮助孤独症儿童在感到焦虑或情绪激动时迅速平静下来。通过深呼吸,可以放松身体,从而减少紧张感和焦虑感。例如,可以教孤独症儿童进行腹式呼吸,即腹部在吸气时膨胀,在呼气时收缩。

2. 放松训练

除了呼吸练习,还可以采用其他形式的放松训练,如肌肉放松、冥想和正念练习。这些方法可以帮助孤独症儿童学会如何在日常生活中识别和应对压力,从而更好地管理自己的情绪。

3. 音乐治疗

音乐治疗已被证明对孤独症儿童的情绪调节有积极的影响。通过创作或欣赏音乐,孤独症儿童可以在没有言语的情况下表达自己的情感,同时学习如何控制和调节自己的情绪。具体而言,为了帮助孤独症儿童理解情绪,可以通过选取音色高亢且节奏明快的乐曲,引导孤独症儿童体会并识别愉悦的情绪表达;相反,利用音色低沉、节奏缓慢的音乐,帮助他们领悟悲伤情绪的特征;音色柔和、节奏均衡适中的曲目,帮助他们领悟平和情绪的特征。音乐作为一种非语言的交流方式,能有效帮助孤独症儿童跨越语言障碍,通过歌唱、舞蹈及打击乐器等多元化的形式抒发情感。孤独症儿童逐步掌握基础的情感表达技巧后,进而引导他们运用语言来更精确地传达情绪与呈现行为状态。研究表明,音乐的旋律与歌词的演唱同语言的发音、语调等层面存在深刻的共通性。因此,借助音乐这一强有力的媒介,能够实施高效的言语治疗策略,显著提升孤独症儿童的情绪表达与沟通能力。

案例2

每当阳阳情绪失控、乱扔物品时,我会带他去音乐教室并播放他喜欢的音乐。阳阳除了喜欢听音乐,还喜欢看广告,有时候一看到广告就会安静下来,情绪得到舒缓。

——昆山市爱心学校　董贵珍

4. 绘画疗法

绘画是一种强大的非言语沟通方式,可以帮助孤独症儿童表达难以用语言描述的情绪。通过绘画,孤独症儿童可以探索和了解自己的情绪状态,同时发展创造力和自我表达的能力。

5. 体感游戏康复治疗

体感游戏不仅能够提高孤独症儿童的身体协调性和运动技能,还能通过游戏中的互动和挑战帮助他们学习如何处理和调节情绪,如智力与认知游戏、情绪游戏、社交游戏、肢体康复游戏等。这种治疗方法已被证明能显著改善社交障碍和异常行为。

6. 情绪日记

鼓励孤独症儿童记录自己的情绪体验,可以通过绘画或简单的语言描述自己在特定情境下的感受,无论是积极的还是消极的,都可以帮助他们更好地了解自己的情绪,并找到更健康的应对策略。这种自我反思的过程也有助于提高他们的自我意识和情绪调节能力。

7. 心理干预

心理干预能有效改善孤独症儿童的临床症状,增强其社交、语言及行为等能力,降低不良情绪的发生率。例如,与孤独症儿童和家长耐心讲解孤独症的相关症状,减少他们的消极情绪。此外,对孤独症儿童的父母进行心理干预可以改善其焦虑、抑郁情绪,从而提高孤独症儿童康复训练的效果。

8. 情绪调节工具箱

创建一个包含各种情绪调节策略的"工具箱",如情绪卡片、调节小贴士等,供孤独症儿童在需要时使用。

9. 家庭和学校的合作

家庭和学校在孤独症儿童情绪教育中扮演着重要角色。通过家庭和学校的共同努力,为孤独症儿童提供一致的情绪教育和支持,可以更有效地促进孤独症儿童情绪调节能力的发展。

案例 3

据家访了解到,小 Z 的母亲平时工作繁忙,父亲对小 Z 很严厉,训斥和打骂他是常有的事情,这严重影响了小 Z 的情绪和行为发展。因此,在开学不久的 IEP 会议中,我告诉小 Z 的父亲小 Z 在学校取得的点滴进步,引导他父亲能够改变教养方式,多引导,多鼓励,让小 Z 多参与集体活动和游戏。

——苏州市平江实验幼儿园　谭珺月

第四节　行为干预方法

一、积极行为支持

积极行为支持(Positive Behavior Support, PBS)是一种旨在减少孤独症儿童问题行为的有效干预方法。PBS 认为,积极行为支持理论视域下,问题行为能够反映儿童的沟通需求,教导他们替代的行为,增强正向行为,是长期预防问题行为的有效策略。PBS 的实施基于对个体行为功能的深入理解,通过改变行为的前因和后果来影响未来行为的发生频次,从而预防和减少问题行为,同时促进适应性行为的发展。PBS 干预策略可以分为以下五类。

1. 前事控制策略

前事控制策略是一种前瞻性的、预防导向的策略体系,其核心在于通过精心策划与调整物理环境或社会环境的特定方面,积极促发并强化期望中的正面行为模式,同时有效减少乃至消除潜在的、竞争性的不期望行为的发生。沈明翠通过实施一种旨在确保受试者"有事可做,不无聊"的前事控制策略,在一定程度上成功地遏制了弹口水等不当行为的出现。类似地,覃薇薇则运用了降低环境噪声干扰与优化教室布局的前事控制策略,有效减少了问题行为的发生频率,并获得了积极的成果。胡梦娟与马苗合作,构建了一套综合性的前事控制策略体系,包括制定规律的作息时间表、调整座位,以促进正向互动,为个体提供多样化的选择机会,以及定期给予正面关注。这一系列策略的实施,在预防攻击性行为方面展现出了显著的成效。

案例4

通过教学活动、情景演示、晨间谈话、讲故事等途径,孩子认识到他人对其攻击性行为的不满,以及自己的攻击性行为对他人产生的危害。在遇到类似的事情能够有更好的、不一样的处理方式。

——苏州太湖国家旅游度假区香山实验幼儿园　徐　云

2. 行为教导策略

行为教导策略是一种基于行为学习理论的干预方法,旨在通过系统化的、弥补性的行为训练来增强特殊儿童的适应性行为,进而达到有效减少其问题行为发生频次的目的。在众多干预策略中,行为教导因其显著的效果而在孤独症儿童问题行为的管理与改善中占据核心且重要的地位。

3. 后果调控策略

后果调控策略是一种系统性的方法,旨在通过调节特定行为所伴随的后果来影响该行为未来发生的频次,即增强或削弱其行为倾向。该策略体系涵盖了正向与负向的强化手段、消退机制、代币奖励制度、差异化强化策略及反应成本法等多种技术手段。具体而言,运用正向强化来增强某种行为的重复率;运用负向强化减少不良行为背后的不愉快刺激;消退机制通过忽视无关行为以减少其发生的频次;代币奖励制度通过累积奖励代币激励目标行为;差异化强化策略则针对不同行为实施不同的强化措施;反应成本法则是让个体承担不良行为导致的直接后果,以此作为抑制手段。

多项研究表明,后果调控策略在应对多种类型的孤独症儿童及其问题行为时,均展现出了显著的矫治成效。然而,值得注意的是,若仅孤立地依赖后果调控策略,而忽略了与其他干预方法的协同作用,其局限性便显而易见。这种单一策略的应用不仅可能难以全面达成预期的矫治目标,还可能在不经意间触及研究伦理的边界。

4. 生态环境优化策略

生态环境优化策略聚焦于全面整合环境要素,旨在营造一个温馨的氛围,激发孤独症儿童展现更积极的行为表现。该策略的核心在于依据孤独症儿童特定的生活环境与个性化需求,引导社会公众观念的转变,并提供有针对性的学习与发展机会。这一综合性策略不仅注重环境层面的和谐共生,还强调对孤独症儿童个体差异的尊重与支持,确保他们在更加包容的环境中茁壮成长。

案例5

我用了"大苹果"奖励的方法——你们把万万照顾好,如果她能够主动和小朋友互动,我就奖励你们每人一个大苹果。慢慢地,知道"大苹果"奖励事件的小朋友越来越多,大家都纷纷开始照顾万万,上厕所的时候喊她一起进去,教她洗手;上课的时候万万坐不住,其他小朋友会拉住她的手让她坐好;万万的鞋子掉下来,大家会帮助她穿鞋子;跑操的时候,她跟不上队伍,我会留一个小朋友主动拉着她,跟在队伍后面。同伴的影响在此得到了体现,教师既要关注孩子的整体发展,也要关注到"同伴带动"的力量,在生活中有了小朋友们的照顾,万万从一开始妈妈推着进班做到慢慢地自己进入教室。

——苏州市吴江区松陵幼儿园　陈　慧

5. 其他变量介入策略

其他变量介入策略可以在干预时加入药物,或者通过音乐等治疗。在孤独症儿童医教干预的进程中,医疗也有明显效果。比如,在贺安妮等人的研究中,中医推拿在干预的过程中发挥了不可或缺的作用。

二、正向强化

正向强化指通过提供奖励来增加某种行为发生的频次。其基于行为主义理论,即一种行为如果得到强化(如奖励),则这种行为更有可能在未来被重复。在孤独症儿童的治疗中,正向强化被广泛应用于增强他们的学习动机和提高他们的注意力。例如,当孤独症儿童完成一项任务或表现出他人期望的行为时,他们可以得到喜欢的强化物(玩具、食物或其他奖励)。这种方法已被证明对孤独症儿童有明显的疗效。

1. 自由接触强化物

让孤独症儿童任意接触可能充当强化物的事物,通常孤独症儿童并不知道自己会喜欢某种食物或玩具。只有自由、随意接触时才会发现。

2. 确定原始强化物

对孤独症儿童的行为进行观察,识别孤独症儿童喜欢的强化物,如食物(饼干、薯片、海苔等)或玩具(玩偶等)。

3. 考虑感官强化物

有些孤独症儿童可能对特定的感官体验有特别的偏好,如水、声音、光线等,这些都可以作为强化物。

4. 社会性强化

随着孤独症儿童能力的提升,逐渐引入社会性的强化,如微笑、表扬、竖大拇指、击掌等,以促进孤独症儿童社会互动能力和情感互动能力的发展。

5. 活动强化

提供孤独症儿童喜欢的活动作为强化物,比如,转圈、听音乐、看电视等,这些活动可以给孤独症儿童带来愉悦感。

6. 避免负面强化

在选择强化物时,要避免使用可能对孤独症儿童产生负面影响的强化物,如在某些情况下,食物也可以作为强化物,特别是当孤独症儿童对食物有强烈的兴趣时。然而,需要注意的是,食物强化物的选择应谨慎,避免过度依赖食物作为强化物,以免影响孤独症儿童的饮食习惯和健康。

7. 测试强化效果

在实际应用中测试不同强化物的效果,观察孤独症儿童对不同强化物的反应,以确定哪些最有效。

8. 多样化强化策略

如果过多地使用某种非常有效的强化物,它最终会失去对个体的强化价值。因此,教师要结合使用不同类型的强化物,以保持孤独症儿童的兴趣,并提高干预的有效性。例如,对特别好的行为,给予效力强的强化物;对一般的行为,给予一般的强化物。

9. 与行为功能相匹配

选择的强化物应与孤独症儿童的行为功能相匹配。例如,如果孤独症儿童的行为是为了获得注意,那么社会性强化可能是合适的。

10. 逐步撤除强化

在孤独症儿童行为正常后,逐步减少强化的频率,帮助孤独症儿童建立内在动机,最终实现行为的自发性。

11. 避免将奖励变成贿赂

教师应避免让孤独症儿童产生预期心理,即事先知道将会因为什么行为而获得奖励。面对孤独症儿童的破坏性行为,既不应通过预先承诺奖励来劝导其停止某种行为,也不宜以剥夺奖励作为惩罚手段。在不良行为发生之后,更不应追加任何形式的奖励,尤其是那些不在计划内的额外奖励,以免加剧不良行为的强化效应。

采用贿赂方式虽短期内看似奏效,实则隐患重重。孤独症儿童可能因期待奖励而暂时收敛不良行为,但这仅仅是权宜之计,从长远来看,将引发诸多问题。教师与儿童双方均可能陷入对奖励的过度依赖,导致频繁使用奖励作为行为控制的工具,进而降低孤独症儿童的自主学习动机。此做法还容易引发孤独症儿童产生谈判心理,使其习惯性地评估奖励价值再决定是否配合,而非出于自觉或道德考量。

理想的做法是,仅在适当行为表现后才明确告知其应得的奖励。这种方法不仅规避了贿赂的负面影响,还通过使奖励变得不可预测,逐步减少奖励的频次。一旦陷入"条件交换"的循环,即"若你做X,则我予Y"的模式,便意味着我们忽视了行为本身的价值,而过分看重其带来的外在结果。例如,"你若停止吵闹,我便给你饮料",这样的做法让孤独症儿童仅仅为了获得饮料而改变,而非出于内在的顺从或对正确行为的认同。长此以往,将削弱孤独症儿童主动做出正确选择的内在动机。

案例6

我单独为阳阳制定了一张奖惩表,并跟阳阳约定好:表现好奖励一张"笑脸"贴纸,表现不好得到一张"哭脸"贴纸,每天放学时统计贴纸的数量,笑脸多就可以得到老师的糖果(阳阳很喜欢吃糖果)。我会在晨会、班会课上称赞阳阳的进步,积极强化其良好的行为。

——昆山市爱心学校　董贵珍

三、系统脱敏

系统脱敏法是一种逐步减少对特定刺激的恐惧或焦虑的方法。它通过让个体逐渐接触和适应原本引起焦虑或恐惧的刺激,从而减轻或消除这些不良的情绪反应。在孤独症儿童中,有些儿童可能对特定的声音、光线等产生过度的恐惧和焦虑心理。通过系统脱敏法,教师可以逐步让他们接触这些刺激,让他们暴露在引起焦虑的情境中,并在每次接触后给予积极的反馈和支持,直到他们能够适应并减少焦虑反应。在社交技能训练中,系统脱敏法也可以用于帮助孤独症儿童逐渐适应和融入社交场合。例如,通过模拟社交场景,并逐渐增加其复杂性和挑战性,帮助孤独症儿童逐步克服社交恐惧和障碍。

案例 7

对阳阳进行感觉统合评估后,发现他存在触觉失调的情况,我给阳阳制订感觉统合训练方案,每周带着他进行 2 次感觉统合的康复训练。一个学期下来,效果明显,他触觉敏感的现象有所缓解,他不再乱脱衣物、鞋袜,他的情绪明显好转。

——昆山市爱心学校　董贵珍

四、惩罚替代

惩罚替代是一种在积极行为支持框架下的策略,旨在通过提供替代行为来减少或消除不良行为。惩罚替代的核心思想是通过教育和训练,帮助个体学习更合适的行为模式,从而减少不良行为的发生。惩罚替代不仅仅是简单地替代不良行为,而是通过功能性分析来识别不良行为背后的原因,并提供相应的替代行为。例如,如果一个孤独症儿童因为寻求注意而表现出不良行为,PBS 策略会教导孤独症儿童如何以更适当的方式寻求关注,比如,表达需求时,是通过言语,而不是通过不良行为。当孤独症儿童出现攻击性、破坏性等不良行为时,不是直接惩罚他们,而是通过移除他们喜欢的活动或物品来减少不良行为。同时,引导孤独症儿童参与替代性的、积极的活动,以帮助他们学习更合适的行为模式。

惩罚替代的实施通常包括以下几个步骤:首先,识别和分析不良行为的功能,即不良行为为什么发生,以及它如何满足个体的需求。其次,选择和训练替代行为,这些行为应该能够满足个体的需求,同时不会导致不良后果。最后,通过强化替代行为来巩固其效果,确保个体能够持续使用这些新学习的行为。

五、家校合作

在孤独症儿童的行为干预中,学校和家庭的合作是至关重要的。这种合作不仅能提高孤独症儿童的社交能力、语言能力、生活自理能力,还能显著解决他们的问题行为和提高他们的生活质量。因为学校和家庭在孤独症儿童的教育和干预中拥有共同的目标,即帮助孤独症儿童更好地融入社会,提高他们的生活质量。这种共同的目标和价值认同是合作的基础。家校合作包括以下策略。

1. 建立沟通平台

家庭和学校应建立一个共同的沟通平台,如定期的家长会、家访,以及利用现代通信工具(如微信群等)进行日常沟通。这有助于家长及时了解孩子在学校的表现和需要改进的地方,同时也让教师了解孩子在家的情况,以便更好地调整教学策略。

2. 共同制订干预计划

家庭和学校应共同参与制订针对孤独症儿童的个性化干预计划。这包括确定干预目标、选择合适的干预方法(如积极行为支持等),并确保双方对干预计划的内容达成共识。

3. 定期评估与反馈

家庭和学校应定期评估干预效果,并根据评估结果调整干预计划。这可以通过使用标准化的评估工具来完成,如孤独症儿童行为评定量表。评估结果应作为调整干预计划的依据,以确保干预措施的有效性。

4. 家长培训与支持

学校应为家长提供必要的培训和支持,帮助他们理解和实施干预计划。这包括提供关于孤独症的教育、行为管理技巧,以及如何与孤独症儿童有效沟通的培训。此外,家长学校可以作为一个有效的平台,帮助家长提高干预技能和减轻压力。

5. 利用社区资源

家庭和学校可以与社区资源合作,如社会工作者、心理学家等,为孤独症儿童提供更全面的支持。社区资源可以提供额外的专业支持,帮助家庭和学校更有效地应对孤独症儿童的特殊需求。

6. 建立反馈机制

家庭和学校应建立一个有效的反馈机制,以促进家校之间持续的改进和合作。这包括定期的会议、反馈会议及利用技术工具进行实时反馈,确保家庭和学校在这一过程中保持同步。

案例8

为了让阳阳感受到父母对他的爱,我建议阳阳父母每天发一两条微信语音给我,由我播放给他听。阳阳的父母非常配合,这个行为也起到了良好的效果。为了保证教育的一致性和有效性,我和阳阳父母每天都会通过面谈、打电话、发微信等方式进行沟通,及时交流阳阳在学校和家庭中的表现,通过家校合作的方式来达到改善阳阳情绪和行为的目的。从结果来看,确实取得了良好的成效。

——昆山市爱心学校　董贵珍

第五节　总　结

孤独症儿童的情绪与行为干预是一个复杂而长期的过程,需要教育者、家长及社会各界的共同努力与关注。本章详细探讨了孤独症儿童情绪与行为问题的具体表现、成因、识别方法及干预策略,旨在提供一套较为全面、有效的干预体系。

通过文献回顾与实证分析,我们认识到情绪认知教育、放松训练、音乐治疗、绘画疗法等多种干预手段在改善孤独症儿童情绪与行为方面的积极作用。同时,行为干预方法(如积极行为支持、正向强化、系统脱敏及惩罚替代等)显示出在减少孤独症儿童问题行为、提升其社交技能和生活质量方面的显著效果。另外,家庭与学校的紧密合作在孤独症儿童的干预过程中发挥着不可替代的作用。

  未来,我们期待更多的研究者和实践者能够不断探索和完善孤独症儿童情绪与行为干预的方法和策略,为这一特殊群体提供更加全面、有效的支持。同时,我们也呼吁社会各界加强对孤独症儿童及其家庭的关注和给予更多的支持,共同营造一个更加包容、理解和支持的环境,让每一名孤独症儿童都能在爱与关怀中茁壮成长。

附录

孤独症儿童学前教育实践案例

启智 润心 同行
——融合教育视角下孤独症儿童个别化教育策略

昆山高新区鹿城幼儿园　顾　峥

随着对儿童早期发展重要性的认识加深,越来越多的孤独症儿童被纳入普通的幼儿园。融合教育作为一种现代的教育理念,旨在为所有儿童,包括有特殊教育需求的儿童,提供一个共同的教育环境。这一教学特点能够保证每名孤独症儿童都有权接受与其他孩子相同的教育机会。孤独症是一种常见的发展障碍,影响儿童的社交交往、沟通能力和行为模式,在融合教育环境中,孤独症儿童可能因其独特的学习和交往方式而难以融入常规的教育体系。因此,为这些孩子提供个别化教育变得尤为重要。

一、融合教育视角下孤独症儿童个别化教育的重要意义

孤独症,作为一种神经发育障碍,主要影响幼儿的社交互动、沟通能力和行为模式。他们在感知处理、注意力集中、情绪调节及社交技能方面与同龄儿童存在显著差异。这些特点影响他们的学习方式和教育需求,尤其在幼儿园这一许多幼儿共处的环境中,这些差异更为凸显。孤独症儿童的特殊教育需求主要体现在以下几个方面:第一,他们需要一个结构清晰、预测性强的学习环境。这有助于降低他们的焦虑感和不确定感,使他们能够更好地集中注意力。第二,孤独症儿童在社交和沟通技能方面通常存在障碍,因此他们需要特别设计的社交技能训练和沟通支持。

个别化教育在支持孤独症儿童的发展中扮演着至关重要的角色,是为满足特殊需要幼儿而设计的,它考虑到了每个幼儿的具体情况,并制定了个性化的学习目标和方法。这不仅意味着物理环境的无障碍,更重要的是教育内容和方法上的适应性和灵活性。对于孤独症儿童而言,这样的环境能够提供更多的社交互动机会,帮助他们更好地融入集体,同时也能够确保他们的特殊需求得到满足。

二、融合教育视角下孤独症儿童的个别化教育策略

(一) 制订个别化学习计划

1. 评估孤独症儿童的学习需求和能力

首要步骤是准确评估孤独症儿童的学习需求和能力,这不仅包括对其认知能力、语言沟通技能、社交互动能力和行为特点的全面了解,还要关注其情感需求和个性特征。教师要确保评估过程的全面性和个体化,以便于了解每个孤独症儿童的独特需求和潜能。

2. 设计符合个体特点的教学目标和内容

基于综合评估,教师需要设计符合孤独症儿童个体特点的教学目标和内容,这些教学目标不仅应该具有挑战性,以促进他们的最大发展,还应该是可实现的,以避免让他们产生过度的挫败感。教学内容的设计需要考虑到孤独症儿童的兴趣和强项,以此作为切入点,激发他们的学习动机。

3. 根据学习进度采用多样化的教学方法

个别化学习计划还需要包括根据学习进度采用多样化的教学方法。孤独症儿童在学习上的进度可能与同龄的幼儿不同,因此在教学方法上应采用多样化的方法,如结合视觉辅助工具,使用具体的教学材料,创建互动式学习环境,等等。此外,还要重视个别指导和小组活动结合,在保证个别关注的同时,促进社交互动和集体参与。例如,我们班的一位孤独症儿童睿睿,他在语言表达和社交互动方面存在困难。在语言学习方面,我们使用了配有图画的卡片,帮助睿睿增强词汇理解和使用能力。起初,睿睿对这些卡片不太感兴趣,于是我们调整了教学方法,通过将卡片与睿睿喜爱的玩具结合,逐渐引起了他的学习兴趣。在社交方面,我们考虑到睿睿不善于与人交流,就安排了一对一的互动游戏,逐步引导他参与小组活动。此外,睿睿在美术方面表现出了较强的兴趣和较高的天赋,因此我们特别增加了他绘画和做手工的时

间,让他在这一领域得到了更多的发展。通过这些灵活多变的教学方法,睿睿在语言、社交和艺术等多个方面都取得了明显的进步。

(二) 采用多元化教学方法

1. 采用视觉支持和感觉统合策略

孤独症儿童通常对视觉信息的处理能力强于对听觉信息的处理能力。视觉支持作为一种有效的教学辅助手段,教师可以使用图表、符号或图片更好地帮助他们理解和记忆教学内容。例如,使用图片日程表可以帮助孤独症儿童了解日常活动的顺序和安排。许多孤独症儿童在感官方面存在障碍,如对声音过度敏感。通过感觉统合训练,可改善其注意力和行为表现。

在视觉支持方面,我们为睿睿制作了一张详细的图片日程表,上面用图画清晰标识了一天中的各项活动,如进餐、游戏等。这些图画帮助睿睿了解日常活动,减少他的焦虑和困惑。在教学活动时,我们使用含有丰富视觉元素的游戏材料,如彩色图表和具象符号,帮助睿睿更好地理解和记忆学习内容。在感觉统合方面,为了帮助睿睿应对触觉敏感性,我们引入了多种质地的教具,如软绵绵的布偶、有凹凸面的塑料球等。通过在游戏中接触这些不同质地的物品,他逐渐增强了对不同触觉的适应能力。

2. 采用游戏化教学

游戏化教学是提高孤独症儿童参与度和学习兴趣的有效方法。例如,通过角色扮演游戏来提高孤独症儿童的社会交往能力。

除了上述行为表现,睿睿在交往方面也存在明显的困难。于是我们组织了一个名为"动物园探险"的角色扮演游戏。在游戏中,每个幼儿扮演动物园里的一只动物或一名管理员,睿睿被鼓励扮演他最喜欢的动物———只聪明的猴子。在游戏中,睿睿需要与其他"动物"互动,学习如何根据游戏规则表达自己的需求和情感。这种角色扮演的方式不仅让睿睿在玩乐中学习,还激发了他与同伴交流的兴趣。

3. 结合音乐、艺术等多种教学手段

艺术在孤独症儿童的教学中也发挥着独特的作用。例如,在幼儿园的融合教育专业训练中,我们通过简单的打击乐器活动,引导孤独症儿童跟随音乐的节奏用手指敲打小鼓,这样可以锻炼他们的节奏感和听觉协调能力。在美术活动中,我们也会提供各种颜色的颜料和画纸,鼓励他们自由表达自己的情感和想法。一个不愿意表达的孤独症儿童,用了大量的绿色和黄色展示了他对春天的理解。通过这些艺术创作,孩子们不仅提高了手眼协调能力,还找到了一种表达自我和情感的方式。

(三) 强化教师专业发展和家长合作

1. 提升教师对孤独症的认知和教学能力

教师在孤独症儿童的教育过程中扮演着核心角色,因此提升教师对孤独症的认知和相关教学能力至关重要。应通过专业培训、研讨会和实践经验分享等方式,不断增强教师对孤独症的理解,丰富自身对孤独症的应对策略。

2. 建立与家长的沟通机制和合作模式

家长是融合教育的重要伙伴,他们对孩子行为有着深入的了解。因此,建立有效的家长沟通机制和合作模式,可以贴合孤独症儿童实际情况和需求定期咨询和日常沟通。通过交流,教师可以了解家长的期望,分享孩子在学校的表现,并一起制订和调整教育计划。

通过深入研究,我们发现个别化教育策略对于支持孤独症儿童的学习和发展具有重要的作用。制订个别化学习计划,采用多元化教学方法,强化教师专业发展和家长合作,这些策略不仅能帮助孤独症幼儿更好地融入教育环境,还能促进他们的社交技能和学习能力的提升。通过持续的研究和实践,我们可以不断优化这些策略,为孤独症儿童提供更有效的教育支持,助力他们的全面发展。

幼儿园中班融合教育的实施现状及策略
——以张家港市某幼儿园为例

张家港市兆丰幼儿园 沈 彤

近年来,随着教育理念的进步和特殊教育需求的增加,融合教育逐渐成为全球特殊教育发展的重要趋势。幼儿园作为儿童教育的启蒙阶段,其实施融合教育具有重要意义。中班儿童正处于身心发展的关键时期,通过融合教育,不仅可以促进特殊儿童的发展,还可以培养普通儿童的同理心和包容性。

一、幼儿园中班融合教育概述

1. 融合教育的定义与意义

融合教育是一种让身心具有一定缺陷、障碍的孩子积极融入群体的教育方式。其核心理念在于所有学生都应被关注、关爱并共同成长。在幼儿园中班实施融合教育,可以创造更加包容和多元的学习环境,有利于儿童之间的相互学习和帮助,促进他们的社会性和情感发展。

2. 中班儿童特点与需求分析

中班儿童年龄一般在4—5岁,他们正处于从以自我为中心向社会化过渡的关键时期。这一阶段的儿童好奇心强,模仿能力强,同时也开始形成初步的价值观和社交能力。因此,针对中班儿童的融合教育,应注重培养他们的社交技能、自我管理能力及情感表达能力。

二、幼儿园中班融合教育面临的挑战

1. 设施与资源不足

大多数幼儿园的基础设施尚不能满足特殊幼儿的教育需求。特殊幼儿需要特殊的环境和设备来进行学习和生活,但由于经费有限,许多幼儿园难以配齐这些设备。仅有少数幼儿园建有特殊教育资源室,并配备必要的康复设施和仪器,这使得特殊幼儿在获得专业的评估、康复等服务方面存在困难。

2. 师资力量薄弱

幼儿园中具备特殊教育专业背景的教师数量严重不足,这使得在实施融合教育时缺乏专业的指导和支持。多数融合教育教师并非特殊教育专业出身,他们在面对特殊幼儿时缺乏专业的知识和技能。同时,幼儿园为教师提供的融合教育专业培训机会也较少,导致教师的专业素养难以提升。

3. 情感接纳与支持不足

从家长层面来看,部分家长对融合教育的理解和接受程度较低,他们可能担心特殊幼儿会影响自己孩子的正常发展,从而缺乏必要的支持和配合。从教师层面来看,虽然多数教师能够关心特殊幼儿,但他们对融合教育的支持度并不高。部分教师可能因工作压力大、专业知识不足等,对特殊幼儿缺乏足够的耐心和理解。

4. 教学策略与课程设计挑战

由于中班儿童的个体差异较大,特别是特殊幼儿的需求更加多样化,这使得制订个别化的教学计划和设计课程内容变得尤为困难。大部分教师在面对特殊幼儿时仍采用传统的教学方法,缺乏创新性和灵活性。这可能导致特殊幼儿难以适应学习环境,影响他们的学习效果。

综上所述,在幼儿园的中班年龄段实施融合教育需要面对多方面的挑战。为了改善这一状况,需要政府、幼儿园、家庭和社会各界的共同努力和支持。

二、幼儿园中班融合教育的实施策略

1. 明确融合教育理念

融合教育强调将特殊幼儿与普通幼儿一起纳入主流教育体系,为他们提供平等的教育机会。这种理念要求尊重每个幼儿的个体差异,并认为每个幼儿都有权利接受适合自己的教育。在幼儿园中班实施融合教育时,首先要明确这一理念,并将其贯穿于整个教育过程中。

案 例

开学第一天,牛一依来得很早,现在她已经知道我们的教室在哪儿,能够独立走进教室了。我在教室门口注意到牛一依走来的身影,热情地上前打招呼:"牛一依,早上好!"牛一依立马回应道:"早上好!"我接着引导:"一依,我是谁呀?"牛一依飘忽的目光在我的脸上聚焦:"沈老师!""对!沈老师,和沈老师打招呼。""沈老师,早上好!"牛一依拨弄着自己的手指,快速地说着。新学期,我们虽然采用了新的签到方式,但牛一依在我和其他幼儿的陪伴下还是完成了签到。

2. 制订个别化教育计划

针对中班儿童的个体差异,特别是有特殊需要的儿童,应制订个别化的教育计划。这些计划应基于儿童的评估结果,明确他们的学习需求、目标、支持措施和评估标准。通过个别化教育计划,可以确保每名儿童都能得到适合其发展的教育内容和方法。

因此,每学期我们都从感知觉、粗大动作、精细动作、语言与沟通、认知、社会交往、自理、情绪与行为等方面针对本班特殊儿童进行评估,并将评估的过程与结果进行记录并分析。针对评估结果,我们修改每学期的教育计划及教案。

3. 优化教学环境

首先,我们为特殊幼儿创造无障碍环境,确保所有幼儿都可以进入幼儿园的物理环境(如楼梯、洗手间等),减少环境障碍。对此,我们在班级内将桌椅及柜子的摆放都按照幼儿行走路线合理规划。其次,对幼儿提供感官刺激,提供多样化的感官体验活动,满足不同幼儿的学习需求。例如,使用色彩鲜艳、形状各异的教具,以及音乐、舞蹈等艺术形式来刺激幼儿的感官发展。最后,采用视觉提示,即使用图片、符号等视觉辅助工具,帮助特殊需要儿童了解环境和活动。

4. 采用多元化教学方法

身为教师,在教学过程中应将特殊幼儿的教育融合到普通幼儿的教育教学方法中。

首先,可以利用游戏化教学,即利用游戏作为教学手段,吸引幼儿的注意力,提高他们的学习兴趣和参与度。

案例1

在音乐活动中,教师利用游戏《悄悄话》带动幼儿通过学青蛙讲悄悄话的方式了解乐曲的节奏。"看,池塘边,有许多青蛙在说悄悄话,(出示图片呱呱|呱—|,呱呱 呱呱|呱—|)有的说:呱呱|呱—|,还有的说:呱呱 呱呱|呱—|,

它们互相在说悄悄话,真有趣。你知道青蛙说了什么悄悄话?你能来学一学吗?集体学习× ×|× −和× × ××|× −|两种节奏型的短语。"牛一依因为对旋律和声音较为敏感,所以在此次的教学活动中也能积极地听身边幼儿讲的悄悄话并拍手。

在此案例中,通过角色扮演、情景模拟等游戏形式,特殊幼儿和普通幼儿在轻松、愉快的氛围中学习知识和技能。

其次,合作学习也是建立特殊幼儿与普通幼儿之间联系的重要方法。

案例2

户外游戏开始了,孩子们开心地来到了户外拓展区,他们先从轮胎上走过去,之后玩起了竹梯和轮胎的游戏,他们从竹梯的一头走向竹梯的另一头。走到中间时还不忘用力地抖动几下身体,由于竹梯两头架在轮胎上,中间是悬空的,所以这样的动作会带来比较刺激的感觉。为了再次挑战自我,他们把竹梯架在两张人字木梯上。这时牛一依有些退却了,站在人字木梯前很久也没敢上去。排在后面的一个孩子对她说:"你不敢走吗?"见牛一依没有回答,她说:"跟我来!我拉着你走。"于是,她走上前拉起牛一依的手慢慢地把她扶上了人字木梯。刚上去,牛一依还是有点恐惧,只能趴在梯子上慢慢地移过去。这时,排在后面的孩子开始给牛一依喊加油,牛一依摇晃着身子终于在其他孩子的帮助下爬过了梯子,到达了终点。

在此案例中,教师通过鼓励普通幼儿与特殊幼儿合作完成任务,培养了他们的团队合作精神和社交技能。通过合作学习,普通幼儿可以学会理解、包容和支持特殊幼儿,特殊幼儿也能在团队合作中获得更多的帮助和支持。

5. 促进家校合作

特殊幼儿的融合教育也离不开家长的参与。鼓励家长参与幼儿园的教育过程,包括参与决策、志愿服务和家庭教育等。通过家长参与,可以增进家长对融合教育的理解和支持,形成家校共育的良好氛围。同时,通过信息共享,建立一个家校沟通的渠道,确保家长及时了解幼儿在幼儿园的表现和需求。通过信息共享,家长可以更好地配合幼儿园的教育工作,共同促进幼儿的全面发展。

三、结语

融合教育是当下幼儿教育的重要趋势之一。在幼儿园中班实施融合教育,不仅可以促进特殊幼儿的发展和融入社会,还可以培养普通幼儿的同理心和包容性。然而,在实施过程中也面临着诸多挑战和困难,因此,需要政府、社会和家长的共同努力,通过加强资源投入、完善培训体系、加强家校合作等措施的落实,确保融合教育的顺利实施和有效推进。

重塑孤独症儿童社交图景

——"三线三互"策略的理论构建与实践创新

昆山开发区夏驾幼儿园　韩佳雯

一、明晰问题，对症处理：分析孤独症儿童社会交往障碍

想要有效矫正幼儿孤独症，就要追根溯源，了解幼儿在社会交往障碍方面的表现，分析缘由，方可对症处理，采取对应措施。

1. 社会交往表现异常

首先，孤独症儿童对社会性活动缺少兴趣，如果有人主动与之谈话，或者对其微笑示意，幼儿很难同样用语言、微笑回应他人。其次，孤独症儿童通常不会与他人对视，偶尔与他人对视，对视时间也比较短暂，且不包含任何情感。再次，孤独症儿童的听觉系统与正常人有着较大差异。孤独症儿童时常忽视人的声音，但对一部分声音十分敏感，如街上的汽笛声、家中的门铃声等。最后，孤独症儿童对交际行为的理解能力较差。当前，虽然有些孤独症儿童懂得如何挥手等，但是即便有这些行为，孤独症儿童并不理解这些行为表示的含义，仅仅是"照猫画虎"，无法依据时间、环境及当时的情境来调整。

2. 难以建立正常的伙伴关系

孤独症儿童通常很难与人建立友谊。幼儿之间的交往，通常是以游戏为依托。然而，孤独症儿童对玩具的功能及使用方法很难形成正确的认知。在游戏中，孤独症儿童也很难理解游戏规则，因此无法遵守游戏规则。更重要的是，孤独症儿童通常不会主动要求参与他人的互动与游戏，在此情况下，孤独症儿童难以与他人建立正常的伙伴关系。

3. 情感表达与感知能力欠佳

通常来讲，幼儿在3岁之前往往就可以感知情感、表达情感。但是，孤独症儿童在情感方面有着明显的障碍，无法识别他人的面部表情。再者，孤独症儿童的社会互助能力较弱，如果需要他人帮助，仅仅是在无目光接触的情况下，牵着他人的手触碰相关事物，等待他人领会其想法。

二、"三线三互",助力交往:孤独症儿童交往能力促进策略

鉴于对孤独症儿童的种种表征分析,教师对熙熙进行了一段时间的观察,发现熙熙在认知功能方面存在障碍,语言能力较弱,兴趣面狭窄,时常难以集中注意力。教师及时与家长进行对话,在经过酝酿与思考后,决定从语言、视觉、听觉三类线索入手,制定合适的引导对策(附图1),另外,实现家园、幼幼、师幼的三方互动,共同促进熙熙社会交往能力的提高,使其能够正常与人沟通交流,并从中获得快乐与成长。

附图1 三类线索策略的实施及作用

(一)"三线齐引",切实矫正幼儿交往障碍:多维共促能力提升

1. 紧抓语言线索,改善语言能力

沟通能力弱,语言能力匮乏,是孤独症儿童的主要特征。针对熙熙身上存在的语言问题,教师采取了双向交谈及游戏故事的方式加以应对。

(1)双向交谈。

沟通本就是一次双向互动的过程。想要促使孤独症儿童敞开心扉,教师就要与之进行双向交谈,了解孤独症儿童感兴趣的事物,以平等、自由的方式与孤独症儿童交谈,采取一些有效的引导方式,促使孤独症儿童开始对话、结束对话,在和谐、愉快的氛围中,培养幼儿的交流意愿。

例如,某天,熙熙想要老师取放在架子上的小鸡玩偶,便拉着老师的手,指着架子上的小鸡。老师问:"熙熙怎么了?需要我帮你做什么?"熙熙说:"小鸡。"老师顺势问熙熙:"是谁的小鸡?"熙熙想了一会儿,说:"我的,我的小鸡。"在往后的日子里,熙熙每次向老师求助,老师都会增加与熙熙的交流。当熙熙想要老师帮着取勺子时,老师会问:"谁的勺子?""勺子是做什么用的?""你知道还有什么东西与勺子很像吗?"诸如此类,熙熙与老师的交谈也越来越多。

(2)游戏故事。

开展游戏故事,教师可以依据孤独症儿童的发展特点及兴趣点,选择或改编一些故事,可以利用电子屏幕播放与展示,也可以利用一些绘本开展活

动,由故事内容出发,与幼儿交谈,引导幼儿开口说话,表达观点,锻炼其语言表达能力。

游戏故事活动的开展,可以基于孤独症儿童的身心发展特点与特殊需求,有效提高孤独症儿童倾听与表达的能力,逐渐引导其从可以表达到顺利表达,再到主动表达。

2. 妙引视觉线索,提升视觉能力

孤独症儿童往往存在对视少、视觉广度不足、视觉追踪及分辨能力弱等问题。因此,教师应当采取巧妙的方式帮助孤独症儿童改善视觉障碍,使其逐渐正常地用眼睛感知,增加与他人的对视,与人进行正常的眼神交流。

(1)运用视觉提示卡。

教师设计与设置视觉提示卡,通过视觉提示卡上丰富鲜艳的颜色,增强孤独症儿童对色彩的感知能力,提升其视觉分辨能力。另外,利用视觉提示卡上的图画及文字,还可以提升孤独症儿童的规则意识,减少他们的问题行为。如果孤独症儿童对某种规则或物品缺乏理解,也可以通过观看视觉提示卡内容重新建构认知。

例如,老师在班级内配备了日程安排表提示卡,卡上设置有如起床、穿衣、刷牙、洗脸、洗澡、如厕、睡觉等内容。通过观看提示卡,熙熙的认知能力也得到了提升,他每天依据日程安排表上的提示活动。在此过程中,熙熙的视觉感知能力明显增强,他还养成了良好的生活习惯。

(2)通过指示的方式。

为促进孤独症儿童延伸交流,教师可采取指示的方式来引导幼儿追踪视线,并寻找机会与之对视。

例如,老师关注到熙熙很喜欢班级内摆放着的几盆花。于是,教师开始引导。有时候,老师会和熙熙坐在一起,指向某盆花,并说道:"你看,它最近是不是变得鲜艳了?"老师说完类似的话语,熙熙通常会抬起头看花,有时回答,有时不回答,但是会下意识地看向老师一眼。此时,老师就会抓住这个机会与熙熙对视,一开始只是几秒,后来,熙熙的回答也逐渐多了,而且对视时间也变长了。

利用孤独症儿童感兴趣的事物,训练他们的注意力,与他们进行正常对视,实现眼神交流,培养他们的视觉能力。

3. 趣用听觉线索,优化听觉感知

对孤独症儿童进行听觉训练,可优化其听觉感知能力,增强其专注力及听觉分辨能力,使其更能专注于与他人的交流与对话。

(1) 音乐游戏。

孤独症儿童往往对音乐较为敏感,教师可合理利用音乐游戏来引导他们,促使他们在游戏中与其他幼儿互动,并逐渐了解音乐,提高他们的欣赏能力。

在音乐游戏中,熙熙与其他小朋友一起参与游戏,并在其他小朋友的积极邀请下,一同唱歌。其间,有同龄人的感染,熙熙的交际能力也得到了提升。在音乐的影响下,熙熙的听觉能力明显增强。

(2) 音乐律动。

孤独症儿童跟随音乐律动,感受音乐节拍,可以从听觉上得到刺激,提升音乐感知能力。

(二) "三方交互",共助幼儿迈进正常生活:多方助力成长和发展

1. 同伴互动,以强带弱

在幼儿园中,幼儿往往会采用一些奇妙的方式来获得友谊,了解彼此。因此,教师鼓励班级里的幼儿关注熙熙,并主动带领熙熙参加游戏。在日常活动中,幼儿们积极邀请熙熙参加游戏,在互助互爱的环境下,熙熙也比以前更加开朗。在同伴的努力与耐心帮助下,熙熙了解了更多的游戏规则,游戏能力也得到了提升。

2. 师幼互动,助力成长

教师与孤独症儿童的互动效果,直接关系到他们能力的提升效果及他们症状的改善情况。因此,教师采取了多种方式与熙熙进行互动与沟通,在平时对熙熙多加关注,利用语言引导、动作示范等方式促进熙熙更好地成长。

3. 家园互动,合作共赢

高效的家园互动,可为孤独症儿童社会交往能力矫正策略的制定提供良好的先决条件。因此,教师与熙熙家长长期保持联系,定期沟通熙熙的问题,针对熙熙存在的症状分别从语言训练、视觉及听觉等方面制定策略。教师在校引导与培养,家长在家也实施对应的策略。在家园的共同努力下,熙熙的症状得到了有效改善。

"快！抓住情绪过山车的最高点"

苏州市平江实验幼儿园　谭珺月

在幼儿园这个充满童真与希望的地方,每天都上演着各种各样的成长故事。而有一个特殊的故事,是关于一个社交障碍孤独症儿童的成长与蜕变。

一、案例背景

本案例描述的是2022年9月入园就读小班的幼儿小Z,小Z是轻度孤独症儿童,他的主要核心障碍是社交障碍,同时伴随有一定的刻板行为和攻击性行为。因此,班级两位老师和阿姨高度关注,在家校区域巡回指导服务,多方携手,共同关爱、鼓励、呵护小Z,希望有一天小Z能在幼儿园的大家庭中绽放出属于他自己的希望之光。

2022年某日的晨间锻炼做操环节,孩子们都在跟着音乐模仿我和张老师,精神饱满地做律动操,小Z本来是站在中间的队伍,音乐响起没过多久,他突然转身跑向滑滑梯旁坐下来,然后突然跳起来拍手,再坐下,我见状立马过去抱住他,想让他站起来回归队伍中,他用力推开我,并试图逃走。阿姨又拉住他,他不耐烦地哭闹,并高举双手,嘴里念叨:"啊！啊！"另一名幼儿说:"小Z,快做操！"小Z并没有反应,而是一直用他的哭闹和攻击性行为表示他想要逃离这里,不做操,玩滑滑梯。

二、案例分析

从以上案例可以看出,小Z是通过攻击性行为和哭闹这两种方式来表达他的想法。他人一旦用肢体和语言进行干预,小Z要么不予理睬,要么通过高举双手、大声呼喊来表明他不想参与集体活动,只想沉浸在自己的世界里。适应集体、融入集体是幼儿在幼儿园一日生活中必不可少的技能之一。在晨间锻炼做操环节出现的不愿意参与,提醒后抗拒并做出攻击性行为,表明他存在一定的社交障碍,因此我根据小Z当下的状况与家长进行联系,在姑苏区相关部门的帮扶下,对小Z实施IEP计划,努力让小Z基本融入集体生活,提高他的社会交往能力。

三、案例干预

1. 追捕情绪的过山车：安抚

孤独症儿童对于环境的变化是非常敏感且缺乏安全感的,他们对于陌生的人和事物都会产生本能的抗拒,陌生的人和事物会引发他们的攻击性行为。小Z刚进入小班时,对环境和老师尤其感到陌生。接下来的几乎每一天早上,我都在幼儿园门口迎接小Z,并且用他喜欢的玩偶当作入园的奖励,每当他出现哭闹行为甚至攻击性行为的时候,我先是将他抱去一个相对安静且不受干扰的空间,一边轻轻拍他后背,一边抚摸他的后脑勺,等他安静下来以后告诉他如果他不哭闹,就给他玩偶。通过这样的方式,减弱他对集体环境的抗拒,在有情绪的时候我先用肢体行为让他得到安慰,缓解他的恐惧和不安全感,让他觉得在幼儿园这个集体里生活不是恐怖的,而是温馨的、舒适的、有一定熟悉度的。

2. 抓住藏起来的表达：引导

孤独症儿童在行为表达上存在困难,但他们依旧会以独特的方式来传达信息。通过一段时间的观察,我发现小Z一有集体活动,要么跑走,要么到角落里玩玩具,但是听到欢快的音乐声会站起来拍手,身体前倾,眼睛放光,并轻轻摇摆身体。基于这几点,我和搭班老师在集体活动中会以轻音乐导入,并且让其他幼儿保持安静,让小Z坐在距离我比较近的一旁,和大家一起上课。刚开始,小Z还会跑动,坐不住,直到有一次绘本阅读的时候,小Z突然跳起来拍手,摆动身体,我就在课余时间单独给他讲述绘本,发现他的情绪更加激动了,我就问他:"是不是很喜欢呀?"他点点头。"那我们下次和小朋友一起坐下来听故事,能做到的话就和老师拍拍手。"紧接着,他和我拍了拍手,我将小怪兽贴纸奖励给他,他开心极了。等到下一次他再次坐下来的时候,我立马奖励他小怪兽贴纸,告诉他他这样做很棒。逐渐地,小Z开始时不时地坐在座位上,和大家一起学习,听到音乐声,我就鼓励他到前面来回答问题,大家一起用他喜欢的拍手方式鼓励他,并且一起说:"我太棒啦!"久而久之,小Z开始参与集体活动,虽然话不多,但是随意跑动的现象减少,他的情绪也逐步好转。

3. 分析看不见的行为：联动

过于严厉的教养方式可能会让幼儿感到恐惧和压迫。在家访时,我了解到小Z的母亲工作繁忙,父亲对小Z很严厉,训斥和打骂是常有的事情,这严重影响了小Z的情绪和行为发展,因此在开学不久的IEP会议中我试着说服他的父亲,希望他能够改变教养方式,不要打骂,而是多引导和奖励,并多鼓励孩子参与集体活动和游戏,让孩子觉得和大家一起玩是一件开心的事情,而不是一件可怕的事情。同时也与帮扶巡回指导的老师学习小组课堂的精髓,将小Z在我日常带班看不见的行为记录下来,播放给小Z看。渐渐地,我也将一些比较活泼、小Z比较熟悉的幼儿和他同组,让同伴带动"社恐"的小Z。

四、基本成效

这次干预经历了为期近两年的时间。一开始,小Z抗拒参与集体活动和游戏,并有攻击性行为。通过日常肢体和语言的安抚、熟悉玩偶的陪伴、小怪兽贴纸奖励、小组课堂的融合训练课程参与、家园鼓励式教育共育,现在的小Z虽然偶尔会出现坐不住的情况,但是他非常喜欢来幼儿园上学,喜欢和同组的幼儿一起做手工、画画和阅读绘本,甚至还会与同伴一起参与烹饪活动,一起参与新年投壶游戏,参加韵律操比赛,等等。

五、案例反思

本案例中对于小Z出现的一系列社交障碍问题,我及时进行了记录、整理与反思,形成专属于他的IEP课程体系。我会继续关注小Z,在安抚中鼓励,在游戏中推进,在游戏中引导,持续用爱和耐心浇灌小Z需要被特殊关爱的心田。

孤独症儿童学前教育课程探索与教学实践

用音乐打开孤独症儿童的心灵

苏州市吴江区庙港幼儿园　王懿晴

一、案例背景

优优是班上的一名孤独症儿童,她常常将自己跟外界的同伴隔绝,很少和同伴交流。在日常的生活中,她的互动性较差,不听指令,不懂规则,很少能表达自己的需求和情感。但是在一次集体音乐活动中,我发现了优优对音乐反应积极。当时,我正组织幼儿进行"找朋友"音乐游戏,一开始优优坐在座位上没有加入,但当音乐播放多次后,她开始在座位上饶有节奏地拍打,我引导她和其他幼儿一起参与律动,她的情绪逐渐高涨起来,尝试和其他幼儿做一样的动作。

于是,我逐渐通过一系列的奥尔夫音乐来帮助优优提高社交能力,解决其情绪低落的问题。

二、主要措施

1. 以奥尔夫音乐为主,注重体验式的游戏

奥尔夫音乐的特点是将歌唱、动作、演奏三种音乐表现形式融为一体,形成一种音乐游戏的模式。在对优优的融合教育中,我主要采用奥尔夫音乐,选择的内容是偏向生活化的,如韵律步行、跑、跳、点头或摇头、拍手、跺脚和掰手指等,在这个过程中我引导她从体验到探索,初步感知音乐,并在音乐和身体律动之间建立联结。例如,我给优优播放了《身体音阶歌》,引导她从脚开始到头顶结束,开展"找音符"的节奏练习,在多次播放后,我提供了奥尔夫乐器,以便她进行敲击,提高她的感知觉能力。另外,我也会设计一些体验式的游戏,比如"拍蚊子"等。

2. 以循序渐进为法,观察孩子的情绪

在对优优的融合教育中,我在音乐的选择上遵循循序渐进的原则,当优优入园情绪不好时,我会选择一首舒缓的摇篮曲缓解她的情绪。在优优情绪逐渐稳定下来后,我会播放她喜欢的音乐《粉刷匠》,渐渐地,她会看向我并尝试拍打我手里的棒棒糖鼓,在我的引导下,优优和我跟随音乐轮流拍打鼓面进行互动。对于孤独症儿童来说,他们的情绪是比较不稳定的,他们一听到音乐总会捂起耳朵,假装没有听见,眼睛左顾右盼,当老师弹奏自己不喜欢的音乐时,马上会做出反应,提出一些不相关的问题或不断重复同一句话,这时我就会及时观察,变换方法,借助其他音乐或道具等吸引她的注意力。

3. 以家园共育为媒介,巩固融合教育的成果

在对优优进行了一段时间的奥尔夫音乐训练之后,我整理和汇总了一些音乐,并把这些音乐发送给了优优的家长,建议优优的家长在家中也给她听相关的音乐,并且玩相应的亲子游戏,其中的音乐有《你好歌》《敬礼歌》《再见歌》《我爱我的小动物》《两只大眼睛》《情绪歌》《大象》《我的房子我的家》《小手拍拍》等,一般要求每次聆听奥尔夫音乐25分钟,每日6~8次。这样一方面能帮助优优巩固在学校中所形成的新经验,另一方面也能通过更多的亲子陪伴帮助优优获得更好的康复效果,因为真实、熟悉的生活环境能够帮助她更好地培养各方面的能力。

三、基本成效

1. 提高了参与能力和积极性

通过一段时间的奥尔夫音乐训练,优优在集体活动中的参与意识有了明显的变化,她不再完全游离在外,而是逐渐能听懂老师的一部分指令,能进行一定的模仿和配合互动,能专注几分钟甚至更长的时间。奥尔夫音乐本身带有娱乐的特性,并且伴随有大量的练习,在听觉刺激的同时各个感官也得到锻炼。奥尔夫音乐能够让优优在聆听音乐的同时一直保持一种参与感,对专注力的培养也有很大的帮助。

2. 促进了社交能力和主动性

在奥尔夫音乐的训练中,我有计划地通过一些特定的音乐来帮助优优进行良好的社会化行为。例如,在《问候歌》音乐中,帮助她学习与别人打招呼的方式;在《再见歌》音乐中,帮助她学习与别人说再见;等等。由此可见,不同内容的音乐让优优体验了合作、分享,优优刻板、重复的行为减少了,能够简单与同伴交流了,通过表情、语言、动作等表达自己的想法,她的一些"古怪"行为明显减少了。

3. 减轻了情绪问题和行为问题

研究表明,音乐是一种良好的情绪调节剂,有改善情绪的作用。在接触

奥尔夫音乐一段时间后,优优的情绪明显稳定了很多,她几乎没有通过尖叫哭闹、攻击他人、自我伤害等行为来表达需求。即使有一些消极情绪,通过播放她喜欢的奥尔夫音乐,也能起到较好的作用,另外考虑到她对敲打乐器有一定的兴趣,我也会有目的地用她熟悉的感官刺激物帮助她摆脱情绪上的困扰,此时优优会很快乐。此外,奥尔夫音乐所创造的轻松、愉悦的氛围也让优优在行为问题方面有了很大的改善,比如,一些"逃避行为""争执行为"等都很少再出现。

总之,很多人有天生的乐感,听到音乐会产生情感共鸣,孤独症儿童同样如此。他们在与音乐互动时产生的是一种双向共融的关系,通过特定的音乐,获得积极的感受,这便是架起一座孤独症儿童与他人的桥梁。

爱无界限,心手相连:温暖孤独症儿童的心灵之旅

苏州太湖国家旅游度假区香山实验幼儿园　王沁雨

孤独症是一种神经发育性障碍,主要表现为社交互动和沟通能力的缺陷,以及重复和刻板的行为模式。这一病症在全球范围内普遍存在,影响着无数儿童及其家庭。孤独症儿童往往面临着来自社会的误解和排斥,他们的内心世界充满了孤独与无助。因此,社会对孤独症儿童的关注和支持显得尤为重要。通过提供爱与关怀,我们可以温暖这些孩子的心灵,帮助他们更好地融入社会。

我们将跟随小鸣的脚步,探索她如何在家庭、学校和社区的共同努力下,逐渐走出孤独,迎接更加美好的未来。

一、案例背景

小鸣,一个5岁的男孩,患有孤独症,但在母亲多年的坚持与努力下,他的症状已有所改善。然而,小鸣在语言表达上仍面临挑战,他能发出声音,但口齿不清。他几乎无法用语言来回应他人或表达自己的想法,与同龄人或成人的交流互动几乎为零,偶尔会通过几个简单的肢体动作来做出回应。在幼儿园里,小鸣的表现尤为突出。他总是表现得十分沉默,但又格外好动,无法长时间静坐,喜欢不停地摇摆身体,使得椅子东摇西摆,有时甚至险些整个人跌倒在地上。在游戏时间,他也不与同伴们进行交流,总是独自一个人在教室里走来走去,用手敲击或摆弄身边的东西。他似乎总爱手里拿着一个物件,一会儿走到窗边,一会儿躺在地上,一会儿又突然在原地绕圈,仿佛永远不会停止。面对老师的要求,小鸣常常会通过大叫、哭喊等极端的方式来表达自己的不满和抗拒。这一系列的行为表现不仅影响了小鸣自身的学习和发展,也给班级的教学和管理带来了一定的挑战。

二、携手孤独症儿童的心灵服务之旅

初次见面时,小鸣的羞涩和内向深深触动了我们。我们尝试与小鸣进行简单的交流,惊喜地发现他对拼装积木等旋转物品抱有浓厚的兴趣。这一发

现如同一把钥匙,让我们意识到通过拼装积木可以搭建起与小鸣沟通的桥梁,更好地走进他的内心世界。

于是,我们开始深入了解小鸣的兴趣、喜好及他在生活中的特殊需求。我们以极大的耐心和爱心对待小鸣,了解他在社交方面所面临的困难。借助拼装积木这个活动,一步步地走进了小鸣的世界,与他建立了深厚的感情。

在接下来的日子里,我们陪伴着小鸣度过了许多美好的时光。我们耐心倾听小鸣的想法和感受,积极回应他的需求。通过持续的陪伴和关注,我们逐渐赢得了小鸣的信任。

有一次,小鸣主动向我们展示了他新得到的拼装积木,并分享了自己的喜悦。这是一个重要的转折点,标志着小鸣开始愿意主动与他人分享自己的内心世界。

为了给小鸣创造一个更加包容和支持的环境,我们与他的母亲进行了深入的沟通,并决定共同为小鸣提供更多的机会和资源。

在学校,我们开始更加关注小鸣的学习和生活,为他提供了个性化的辅导和支持,也学会了更加包容和理解小鸣。在家里,小鸣的家人们也更加关注小鸣,为小鸣提供更多的社交机会和活动。

在关爱和支持下,小鸣取得了显著的进步。他的社交技能得到了提升,偶尔愿意主动与同学交流。特别值得一提的是,通过日积月累的锻炼,小鸣可以和他在训练时的几个孤独症儿童一起玩拼装玩具,他们从这个共同的兴趣中找到了沟通的桥梁。小鸣的语言表达能力也有所增强,虽然口齿仍然不清晰,但有了明显的进步。

回顾整个过程,我们看到了小鸣的成长,更加深刻地理解了孤独症儿童的需求和面临的挑战,也更加坚定了为这些孩子提供帮助的信心。我们意识到可以通过持续的努力和适当的锻炼,帮助孤独症儿童在社交和情感方面取得显著的进步。

三、赶走"孤独"的服务措施

(1) 形成积极的自我认知。

我们的首要任务是帮助服务对象形成积极的自我认知。我们将通过一系列的活动和交流,引导他认识到很多人都是善良、理智且可信赖的,包括他自己。我们将强调他是一个善良、懂礼貌的好孩子,拥有与他人和谐相处的愿望与能力,从而消除他可能存在的"我是个讨厌的人"的错误的自我认知。

（2）传授有效的人际交往技巧。

在服务对象树立起积极的自我认知后,我们将运用人本主义学习理论,教授他适合其当前生理和心理状态的人际交往知识和方法。这包括如何倾听、如何表达自己的感受和需求、如何处理冲突等,以提升他的人际交往能力。

（3）拓展社会网络支持体系。

我们将协助他认识到老师、同学和家长并不是他想象中的那么可怕。相反,他们都是愿意与他交朋友的。我们将鼓励他初步与身边的熟人建立友谊。同时,我们还将链接社会资源,鼓励他参加各种活动,与其他人互动,结交新朋友,从而拓宽他的社会网络支持体系。

四、跨越界限的启示

本案例充分展示了以爱和关怀温暖孤独症儿童心灵的重要性和意义。通过社会工作者、家庭、学校和社区的共同努力,我们可以为这些孩子创造一个更加包容和支持的环境,帮助他们走出孤独,迎接美好的未来。

我们呼吁更多人关注孤独症儿童,倡导建立更加包容和支持的社会环境。同时,我们也期待未来能够有更多的资源和服务投入孤独症儿童的关爱和支持中,让他们能够享受到更加平等和美好的生活。爱与关怀的力量是无穷的,通过我们的共同努力,我们可以为孤独症儿童创造一个更加美好的世界。让我们携手并进,用爱和关怀温暖每一个孤独的心灵,让他们感受到社会的温暖和包容,让每一个孤独症儿童都能绽放出属于自己的光彩。

孤独症儿童学前教育课程探索与教学实践

和而不同，苔米花开
——孤独症儿童融合教育案例

苏州市吴中区光福中心幼儿园　王丽华

孤独症，是一种广泛性的发育障碍，主要特征是社交互动和沟通能力的缺乏，以及刻板行为。作为家长的联盟者和幼儿启蒙教育的接触者，我们需要及时地发现他们的特别之处，给他们更多的支持与帮助。

一、案例背景

然然，家中还有一个弟弟，他的母亲在家照顾两个孩子，爸爸是快递员，工作比较繁忙，无暇照顾孩子。然然到了适龄年纪，进入我园就读。在刚入小班时，班级教师发现然然的与众不同，于是与他的家长沟通。到了中班，家长意识到问题的严重性，带然然去医院就诊，他被诊断为全面发育迟缓、儿童孤独症谱系障碍。

（一）镜头一：生活自理能力欠缺

午睡起床音乐响起，很多幼儿起床开始穿外套和裤子，然然醒了之后却坐在小床上纹丝不动。老师走过来和然然说道："然然，穿裤子啦。"他把裤子拿起来穿上。老师说："然然，穿鞋子啦。"他就把鞋子穿上。每次总是老师说一句，他动一下。如果老师不监督或者站在旁边不提醒，不管过多久，也不管时间多紧张，他都会呆坐在小床上。

（二）镜头二：缺乏规则意识，随意性较大

在户外运动时，教师带着小朋友们做操，然然刚开始还在队伍里手舞足蹈，教师一个转身，就发现然然已经远离队伍，在不远处的滑滑梯上了。然然经常远离同伴，随意走动。除了集体活动，散步期间在没有同伴牵手的情况下，然然也会突然离开，他的这种行为可能是无意识的，但在某种程度上也说明他没有形成规则意识，其行为有很大的随意性。

（三）镜头三：目光躲闪，缺少对视

入园时，保健老师热情地和然然打招呼："早上好！"然然好像没听见一样,眼睛看着旁边,保健老师主动走到然然面前,拉着他的手说:"然然,早上好!"这时,他会看一眼保健老师,但还是没有目光对视。然然每天入园后找不到自己的班级,往往想进哪个班就进哪个班,没有陌生感,但与其他幼儿没有任何交流。当其他幼儿问:"你是谁?你是哪个班的?"然然都不予理会,自顾自地玩。

(四) 镜头四:缺乏实质性的沟通

然然能咿咿呀呀地唱很多儿歌,也能认识很多动物,每天嘴里念叨的就是"长颈鹿""青蛙""猴子"……教师拿出长颈鹿的图片问然然:"这是什么?"然然模仿道:"这是什么?"教师和然然一起照镜子,指着镜子里的然然问然然:"这是谁?"然然能看着镜子,但依然重复教师的话:"这是谁?"他没有实质性的沟通,只是重复教师的提问或者是模仿教师的语言。

二、干预措施

针对然然的现状与典型行为,我们在融合教育过程中采用了以下措施。

1. 简短的指令促进语言表达

然然与同伴基本没有语言交流,有时喜欢的玩具在别人手里,他就用抢的方式来获取。理解他的幼儿能把玩具直接给他,但也有不甘示弱的幼儿会再抢回来。他缺乏沟通能力,因此会与其他幼儿产生各种矛盾。因此,我们除了让然然听懂指令并根据指令进行活动,还利用他感兴趣的东西让他学会使用简单的语言表达。例如,然然很喜欢长颈鹿玩偶,教师在给他玩具之前先引导他说出"我要长颈鹿",鼓励他用语言来表达自己的需求。当他能用简单的语言表达时,教师及时给予鼓励:"然然真棒!你能说'我要长颈鹿'了",并把长颈鹿交给然然,通过强化物给予,促使然然用语言来表达需求。

2. 合作游戏发展交往能力

幼儿园户外活动采用混龄混班模式,幼儿在户外活动时可以选择自己喜欢的场所进行活动,然然刚开始一直待在班级教师看护的区域。教师观察到然然都是独自玩耍,于是鼓励本班幼儿带领然然尝试去别的区域活动。然然在同伴的带领下,能跟随同伴一起游戏,游戏结束后,共同回到指定的位置等候教师。在同伴的陪护下,然然能与其他幼儿手拉手回来,没有了原来的抗拒。虽然他们之间依然没有语言交流,但是能够看出然然对同伴的信任。

3. 巧用流程图提高自理能力

流程图是一种视觉提示,通过图片的排列,提醒然然接下来做什么事情,从而培养其良好的自理能力。例如,午睡起床音乐响起,然然依旧睡眼蒙眬地坐着不动,或者等着教师来帮忙。这时,教师出示流程图提示然然——现在是起床时间,需要先穿外套,再穿裤子,最后穿鞋子,然后去盥洗室上厕所。根据流程图的提示,然然刚开始还需要成人来辅助,但是过了一段时间,他能够一听到音乐声就开始动手穿衣了,与其他幼儿同步。然然的自理能力得到了一定的发展,不再依赖成人的提醒。

4. 运动挑战增加自信心

然然粗大动作较强,喜欢攀爬类游戏,爬梯子等运动项目对他来说充满了吸引力,他都能顺利地完成。这个过程既增强了然然的自信心,又让他获得了同伴的尊重,为他更好地融入群体奠定了良好的基础。

5. 家园定期沟通促成长

我们根据融合教育的内容对家长提出了相对应的家庭教育要求。在然然在园的三年时间里,教师与家长的沟通还是比较顺畅的。一些在幼儿园中没有条件进行的实践练习交由家长进行。同时,鼓励家长尽量放手让幼儿自己动手来完成一些简单的事情,如穿衣、如厕、刷牙、洗脸等。

三、基本成效

经过不断的努力,然然有了明显的变化:晨间入园时,他能够用简单的语言回应教师、同伴的打招呼了;户外活动时,他能够脱离同伴的陪护,独自选择喜欢的区域了;他脸上的笑容增多了;他会自己穿衣服、上厕所等,自理能力提高了很多;有时他会主动与身边的老师打招呼;等等。即将步入小学的他,基本能适应幼儿园的一日生活了。

"悄"开一扇窗,期遇"心"的阳光
——对特殊需求儿童的追踪与介入

张家港市塘桥中心幼儿园　沙树红

细观实录——记,期初行为

- **情绪不稳定,易表露极端情绪**

孩子们在场地进行锻炼,一声声"飞机、飞机……"打破了这个局面,只见泽岭手拿飞机举过头顶,他大叫着,飞奔着,穿梭于其他孩子之间。此刻,歆歆愤怒不已,一把夺走了泽岭手中的飞机。这一举动激怒了泽岭,他瞬间倒地,双眼紧闭,开始大哭起来,"我的飞机……",对于身旁劝说的同伴,完全置之不理。面对情绪失控的泽岭,我迅速赶过来蹲下身给予安慰,泽岭仍旧双眼紧闭,手使劲挥舞着,这样的状态持续了几分钟。直到我将飞机还到泽岭手中,他才愿意从地上起身并安静下来。

- **不愿表达,语言发育凸显迟缓**

晨间来园,泽岭奶奶和往常一样,拉着泽岭的手将他送到教室门口,奶奶示意泽岭和我打招呼,泽岭则会表现出不耐烦,甩开奶奶的手直奔座位上。奶奶大声呵斥道:"泽岭,快和老师打招呼,你看其他小朋友多有礼貌,都会打招呼呢!"看着即将冲回座位上的泽岭,我蹲下身来迅速抱住他,一旁耳语道:"泽岭,早上进来要和老师打招呼呢!还记得叫我什么吗?"眼神飘忽不定的泽岭,总刻意回避我的眼神,不愿与我对视。而此时的我,早已迫不及待地说:"泽岭,你要和我说,'老师,早上好!'"在没有得到任何回应后,我再次向泽岭复述。轻声细语中的"老师,早上好"几个字让我瞬间心花怒放。

思——潜移默化,卸掉"特殊"枷锁

《指南》中明确指出,要为幼儿创设温暖、关爱、平等的家庭和集体生活氛围,建立良好的亲子关系、同伴关系和师生关系。在此过程中,需要卸掉幼儿身上"特殊"枷锁,进行有意识的训练活动,让幼儿在潜移默化中得到发展。

- **以"兴趣"激"情绪",萌发自我意识**

通过一段时间的跟踪,不难发现泽岭对飞机偏爱有加,每每只要拿到玩

具小飞机就会情绪高涨。在飞行游戏情境中,泽岭会将游戏材料分发于小伙伴们,虽然他是第一个冲出规定场地的,但在老师的提醒和制止下,他会停下脚步重新回到原点。几次试练下,泽岭对与他人的关系有了一定的认识,虽然偶有表露出极端的情绪,但能通过他人的安慰,逐渐稳定自己的情绪,自我意识感也逐渐加强。

- 以"智教"助"乐学",萌发主动言语动机

相对多个领域的教学活动,泽岭更偏爱语言教学,通过观察,我发现泽岭对故事中的小动物角色颇感兴趣,且关注度较高。因此,我准备了大量的动物头饰和胸饰品,并配有相应的声控进行播放,提问环节也会结合声控邀请泽岭,引导其回答问题。一开始,胆怯的泽岭只是待在座位上,但在我一次又一次的邀请和示范下,泽岭逐渐喜欢扮演小动物,并学会简单的对话。在这样的循序渐进中由词到句,泽岭逐渐萌发言语动机,现在喜欢拿书找老师讲故事,并乐此不疲。

语言是一种特殊的载体,通过这个载体可以向他人传送信息,泽岭就缺乏了这样的一种特殊载体,因此,我们要做的不光是一字一句教他说话,更重要的是教他理解和正确运用语言,喜欢并愿意主动与他人交流。

显——相辅相成,"资源区"中促成长

特殊儿童与普通儿童之间是"融"与被"融"的关系,我们既要为他们提供平等参与课堂教学并融入集体的机会,又要创设适合他们特殊需求的资源区,在相辅相成中提高特殊需求儿童的综合能力。

- 感觉统合训练区

在与泽岭进行感觉统合训练时,我们注重对泽岭的皮肤触觉、前庭感受和本体感受加以多次训练。在滑梯训练等活动中,引导泽岭双手抓住滑梯两侧,下滑时双臂朝前伸展,双脚并拢抬高,以此来刺激前庭体系和调节感觉与触觉,使整体感觉统合功能积极发展。从一开始的不熟悉和不敢尝试动作,到如今的熟练完成动作,泽岭迈出了一大步。

- 沙盘游戏区

开始阶段,泽岭很少去动沙子,对沙子也有抵触心理,仅仅是将一旁的玩具扔进沙盘内。针对这样的情况,我们及时介入,用示范、故事讲述等不同的方式来引发泽岭的关注。一段时间后,泽岭逐渐加入了其中,和我们一起玩

起了抓沙子、扬沙子、倒沙子的游戏,多次之后,泽岭表现出对沙盘游戏浓厚的兴趣,主动拉着我去沙盘游戏区玩游戏。

- **绘本阅读区**

在绘本的选择上,以立体绘本为主,以平面绘本为辅,通过立体的画面感来吸引泽岭的注意力,激发其自主性。如绘本《动物乐园》,是一本极为有趣的立体绘本,将绘本的封面和封底一起展开时,会看到里面有许多的小动物。它们的造型可爱,表情丰富有趣,绘本里的故事深深吸引着泽岭。另外,《恐龙家族》《多彩的生活》《海洋世界》《丑小鸭》等都是较好的选择。个别有关日常生活的绘本,可以先在生活中录制一些场景,让泽岭通过亲身感受真实的生活,从而较快去发现绘本知识,逐渐感受绘本的可读性和知识性。

通过较长时间的跟踪与介入,我们用量表对泽岭进行了评估,泽岭在语言表达、人际交往、肢体协调能力方面都有所提高。每个孩子都是一粒花种,因为花期不同,所以其成长过程中我们只需为之悄悄打开一扇窗,待之沐浴风雨后,终将期遇"心"的阳光!

对话：孤独症儿童社会情感学习的实践路径
——以大班孤独症儿童轩轩为例
苏州高新区枫桥天之运幼儿园　潘雪娜

社交障碍作为孤独症谱系障碍的核心症状之一，主要表现为孤独症幼儿社交技能、社交认知能力、社交动机缺陷等方面。在融合教育教学实践中，孤独症幼儿的社会情感学习（Social and Emotional Learning，SEL）既是个别化教学支持的难点，也是影响其各项能力泛化的关键要素。在融合教育大力推进的社会背景下，孤独症儿童的社会情感学习不仅要立足显性的社会技能教导，也要把握"问题导向、循证进阶"的实践路径，促成融合生态环境中各要素的深度对话，以实现教师和幼儿的共同发展。本案例将聚焦大班孤独症儿童轩轩的社会情感学习实践，具体阐述"对话"策略在孤独症儿童社会情感学习中循环进阶的实践路径。

一、现实能力与发展目标的对话：专业识别

故事一：最初的形态是否就是他唯一真实的样貌？

和轩轩的第一次见面是在区域游戏的角落里，他安静地玩着沙子，将近20分钟没有分神，按照自己的想法用纸盘对沙盘里的沙子重复进行着"塑形—推倒"的动作。班级教师说轩轩最喜欢做的事就是玩沙子，每天来班级第一件事就是玩沙子，和老师和小朋友们没有眼神对视、没有语言交流。在接下来的评估中，教师从孤独症儿童发展情况剖面图、情绪行为表现图的各个数据对轩轩的能力发展水平有了更全面的认识。

在个别化教育计划的第一次社交小组教学活动中，轩轩并没有表现出大家所期待的样子。教师耐心的反复教导、同伴的热情示范都不足以吸引轩轩的注意力。于是，教师开始调整教学形式，增加一对一的个别化指导。由于第一次参加这种形式的活动，教师还没开始教学，轩轩就已经坐不住了。他开始用双手用力拍打桌子，用头撞击桌面。教师立马把桌子拉开，拉住他的双手抱紧他，试图安抚他的情绪。

故事二:当孤独症儿童开始寻求拥抱时他在想什么?

在后续的活动中,教师调整教学形式,从轩轩最喜欢的沙盘游戏开始,利用他喜欢的东西开展常规社交技能游戏。每天轩轩来幼儿园,班级教师都要拉着轩轩的手,让他看着教师的眼睛说:"老师,早上好!"然后再和其他孩子打招呼。一天中午,当资源教师进教室时,轩轩却突然冲过来抱着资源教师。原来是因为资源教师给轩轩制定的新规则"只有点心的时候,可以吃他喜欢的葡萄干",他不接受,班级教师都不愿意顺从他。当看见资源老师的时候,他找到了可以寻求安慰的人,试图通过拥抱获得资源老师的理解和同情。同样的行为还出现在区域活动结束的时候,孩子们都搬椅子准备开始集体活动,班级教师请轩轩回到自己的椅子上。轩轩这次抱着班级里最能给予他安全感的保育老师。

从拥抱开始,我们在更多场景下尝试用不同的方式和轩轩进行互动,有时是完成小任务后的击掌,有时是表示感谢的握手。轩轩也开始愿意和更多的老师拥抱、打招呼。个体差异是儿童发展的普遍规律,而如何真正因材施教正是教育的一贯追求。

教师思考:面对现实能力与发展目标的差距,教师应该辩证地认识"孤独症"标签的分类界定,看到这一类标签背后普遍的行为表现和教学策略的同时,认识到孤独症儿童自身的差异,透过孤独症儿童最初的不适应、不配合表现,识别其情绪行为背后蕴含的能力发展水平和真实的教育需求。

二、教师主导与儿童本位的对话:观念转型

故事三:孤独症幼儿真的孤独吗?

户外体育锻炼的时候,班级老师试图利用轩轩喜欢的滑板车加入他的游戏,却被轩轩拉开。"为什么我那么主动地跟轩轩互动,他还是不愿意跟我一起玩游戏,他不是孤独吗?"不止一次,班级教师都充满热情地想要跟轩轩一起游戏互动;在学习了特殊需要儿童的相关专业知识后,老师们甚至会带上轩轩喜欢的玩具、零食等强化物,试图增加轩轩共同游戏的意愿,但是轩轩每次都是充耳不闻。

在外界看来,轩轩确实是"孤独"的,但是"孤独"好像并没有给他什么影

响,他虽"孤独"却很快乐。在孤独症儿童的社会情感学习过程中,教师先入为主的主观判定往往带来看似"互动"实则"干扰"的影响。

故事四:"正确的"就是他需要的吗?

不只是教师,班里的小朋友也有这样的困惑:"为什么轩轩不跟我们一起玩?他怎么听不懂我们说的话呢?"在雪花片建构室里,轩轩发现圆柱形的椅子可以滚动,沉浸在椅子滚动带来的感官刺激体验中。旁边的开开看到的却是他滚椅子行为潜在的危险,热心的开开试图制止轩轩的行为。而轩轩不能理解开开所说的"你这样头要磕在地上了,要流血的"。同一场景中的行为,不同的主体视角有着不同的行为功能分析。面对轩轩和小朋友因为滚椅子的争执,教师在班级中组织了一次谈话活动,和孩子们一起讨论哪些危险行为小朋友是不可以做的,当轩轩出现这些行为时该怎样提醒他。

教师思考:孤独症是一种高度异质性的存在,孤独症儿童的行为方式、认知能力、支持的方式、需要支持的力度,以及共同存在的障碍千差万别。作为老师,当轩轩身上所体现的个体差异超出了教师的认知,我们或许需要思考,真正贯彻落实《保育教育评估指南》中所指出的"相信每一个幼儿都是积极主动、有能力的学习者"的教育理念。

三、个体经验与集体环境的对话:行动支持

故事五:如果沟通困难,是否可以按他的方式对话?

在户外骑行的游戏中,郑老师试图坐上轩轩的小车后座参与到他的游戏中,却被轩轩无情地挤了下来。旁边的保育老师陆老师也体验了一把,坐上了一名幼儿的小车,轩轩看到喜欢的陆老师坐别人的小车,着急地喊道:"还给我,还给我!"而陆老师和其他小朋友都以为轩轩是想要他们的小车,回答道:"这不是你的那辆,你自己骑着呢。"看着轩轩依旧在着急地喊着,旁边的资源教师看出了他的真实意图,他把陆老师视为他的所有物,当陆老师坐上其他小朋友的车,他觉得陆老师被"抢"走了。

借由这个契机,教师尝试着引导轩轩理解"与他人一起玩"的社交游戏规则。

教师问:"你想要陆老师跟你在一起吗?"

轩轩说:"陆老师回来。"

教师说:"陆老师想要坐小车,你来拉她吧!"

轩轩很自然地就同意了陆老师坐他的小车,非常开心地拉着她一圈又一圈。于是,教师提高难度,尝试加入新的游戏社交规则"轮流",告诉他"接下来要轮流做小乘客,换陆老师来拉你"。轮换多次后,教师邀请班里的一个女孩菲菲代替陆老师和轩轩一起玩,在逐步的引导尝试下,轩轩终于愿意让菲菲坐他的车。很多小朋友发现轩轩愿意一起玩小车后,兴奋地想要加入,就这样,轩轩在那天的户外骑行中有了多次与不同的乘客互动的体验。

故事六:集体中是否允许不一样的存在?

在户外活动中,轩轩在操场上想要尝试双脚离地,从障碍物上跨过去,却总是把障碍物碰倒。旁边其他班级的保育老师看到后,主动上前给轩轩示范动作,发现轩轩还是不会模仿双脚离地的动作时,于是拉着轩轩的手臂带着轩轩感受双脚离地的跳跃感。混龄教学结束后,轮到轩轩担任班级中的领操员,他每个动作认真又到位。在班级的毕业典礼上,轩轩还和大家一起合唱了《送别》。

教师思考:在轩轩的一日生活中,班级教师、同伴乃至其他班的教师都在俯身倾听,学习如何用轩轩能理解的方式和他对话。在孤独症儿童社会情感学习的过程中,集体环境中的行动支持深刻影响其个体经验的延续和扩展。

不同认知基础、行为表现、社会情感需求所构成的普通幼儿和特殊需要幼儿的差异立场,这既是融合教育存在的根基,也是构建融合教育个别化学习支架的关键和发挥融合教育"立德树人"育人功能的引擎。在孤独症儿童的社会情感学习实践中,只有充分把握"问题导向、循证进阶"的实践路径,在"教"与"学"的反思中进行深度对话,才能构建融合教育生态各要素的辩证统一关系,实现教师和幼儿共同发展的专业实践成长。

参考文献

1. 英文参考文献

ITARD, JMS. *The Wild Boy of Aveyron* [M]. New York: Appleton-Century-Crates, 1962.

KANNER, L. Autistic disturbances of affective contact [J]. *Nervous Child*, 1943(2): 217-250.

BRUNO, BETTELHEIM. *The Empty Fortress: Infantile Autism and the Birth of the Self* [M]. New York: the Free Press, 1967.

RIMLAND, B. *Infantile Autism: The Syndrome and Its Implications for a Neural Theory of Behavior* [M]. New York: Appleton-Century Crofts, 1964.

AMERICAN PSYCHIATRIC ASSOCIATION. *The Diagnostic and Statistical Manual of Mental Disorders* [M]. Washington DC: American Psychiatric Publishing, 1980.

WORLD HEALTH ORGANIZATION. *The ICD-10 Classification of Mental and Behavioral Disorders, Clinical Description and Diagnostic Guidelines* [M]. Geneva: WHO, 1992.

AMERICAN PSYCHIATRIC ASSOCIATION. *The Diagnostic and Statistical Manual of Mental Disorders* [M]. Washington. DC: American Psychiatric Publishing Inc, 1994.

HILTON, A & LIBERTY, K. The challenge of ensuring education gains for students with severe disabilities who are placed in more integrated settings [J]. *Education and Training of the Mentally Retarded*, 1992, 27(2): 167-175.

ROGERS, S. J. & VISMARA, L. A. Evidence-based comprehensive

treatment for early autism[J]. *Journal of Clinical Child & Adolescent Psychology*, 2008,37(1):8 – 38.

DESLAURIERS, N. The empty fortress: Infantile autism and the birth of the self [J]. *Arch Gen Psychiatry*, 1967,17(4):510 – 512.

NATIONAL RESEARCH COUNCIL. *Educating Children with Autism*[M]. Washington DC: National Academy Press, 2001.

Dawson, G., et al. Randomized, controlled trial of an intervention for toddlers with autism: the Early Start Denver Model[J]. *Pediatrics*, 2010, 125(1):16 – 24.

2. 中文参考文献

郭延庆,杨晓玲. 孤独症诊断的历史发展[J]. 国外医学(精神病学分册),1998,25(1): 24 – 27.

曹丽敏. 特殊儿童早期康复指南[M]. 北京:华夏出版社,2009.

刘艳虹,董鸣利,胡晓毅. 自闭症研究七十年:基于国内外研究现状与前沿的可视化分析[M]. 北京:中国轻工业出版社,2016.

魏轶兵. 特殊教育院校孤独症教育专业培养目标与课程体系的探析[J]. 中国特殊教育,2007(4): 52 – 56.

曹漱芹,金琦钦. 孤独症学生关键能力:框架、指标与培养路径[M]. 杭州:浙江大学出版社,2024.

徐晓翠. 中国儿童孤独症病程发展、治疗现状和教育需求的家庭调查研究[D]. 苏州:苏州大学,2009.

中华人民共和国教育部. 3~6岁儿童学习与发展指南[S]. 北京:首都师范大学出版社,2012.

中华人民共和国教育部. 幼儿园教育指导纲要(试行)[S]. 北京:北京师范大学出版社,2015.

李恩耀,刘智慧,李立国,等. 孤独症谱系障碍儿童医教结合治疗模式的应用现状与思考[J]. 中国当代医药,2020, 27(7): 18 – 20.

静进. 孤独症谱系障碍的治疗干预现状与建议[J]. 中国儿童保健杂志,2023, 31(9): 939 – 944.

户秀美,胡晓毅,金宁. 多重范例教学应用于孤独症儿童干预的实证研究综述[J]. 中国特殊教育,2023(1):45-53.

高铭阳,景时. 英国孤独症学校建设经验及其启示[J]. 现代特殊教育,2023(23):74-79.

汤兆云,刘科成. 我国孤独症儿童群体的社会现状、现实困境与优化治理[J]. 深圳大学学报(人文社会科学版),2023,40(6):90-99.

韩家伟,石学云. 我国孤独症儿童家庭需求研究综述[J]. 现代特殊教育,2024(2):42-46,78.

木冬冬,陈茜. 孤独症儿童融合教育跨专业协同体系的建设与思考[J]. 现代特殊教育,2023(23):62-65.

邓猛,黄伟,颜廷睿,等. 孤独症儿童教育康复现状与思考[J]. 残疾人研究,2014(2):37-42.

云海. 山东开展孤独症康复教育专项培训[J]. 现代特殊教育,2013(5):19.

蔡琳,闫磊. 国外孤独症儿童教师技能培训的研究综述及启示[J]. 中国特殊教育,2020(8):22-28.

何春霞,张弛,段艳娜,等. 以家庭为中心的心理治疗对孤独症儿童父母情绪及儿童康复训练的影响[J]. 国际精神病学杂志,2021,48(1):59-61.

金琦钦,王以心,曹漱芹. 核心素养导向下孤独症学生关键能力框架构建[J]. 中国教育学刊,2022(5):49-55.

李芳,张桂莹. 基于社会文化视角的中西方自闭症教育干预策略比较研究[J]. 绥化学院学报,2020,40(10):87-91.

吴曼曼,胡晓毅,刘艳虹. 国外孤独症儿童教学环境创设的研究现状及启示[J]. 现代特殊教育,2017(12):56-63.

李雨姝,鄢超云. 儿童友好理念的核心内涵及其教育实践[J]. 学前教育研究,2023(3):48-57.

蔡蕾,孙淳. 以融合教育实践推动儿童友好幼儿园建设[J]. 福建教育,2024(3):15-18.

刘彤,丁昭. 美国幼儿园对孤独症幼儿的教学策略[J]. 现代特殊教育, 2006(2):38-39.

雷显梅. 自闭症儿童支持性教育环境构建的思考[J]. 绥化学院学报, 2018,38(4):75-79.

胡晓毅,刘艳虹,吴曼曼. 孤独症儿童教学环境创设[M]. 北京:北京师范大学出版社,2019.

刘昕晨,黄可悦. 面向自闭症儿童的教育空间色彩可用性设计研究[J]. 建筑与文化,2022(12):259-261.

郑园,李晨灏. 孤独症谱系障碍个体触觉异常的特征及影响因素[J]. 现代特殊教育,2023(22):71-76.

李博霞,杜锋,周继娟,等. 触觉感知刺激对孤独症儿童情绪与行为矫正的疗效[J]. 临床医学研究与实践,2019,4(26):32-34.

陈静,韩宇翃. 促进自闭儿童社交能力的空间设计策略研究[J]. 设计, 2019,32(5):67-68.

李桂琴. 如何构建良好的班级文化[J]. 金色年华(教育管理),2012(5):138.

贺晓旭,苏晗. 自闭症谱系障碍儿童学前融合教育中教师情感支持分析[J]. 绥化学院学报,2021,41(1):106-110.

王国光. 孤独症儿童的幼儿园融合教育[M]. 北京:中国妇女出版社,2018.

魏寿洪,牟映雪. 学前普通儿童与自闭症儿童社会互动现状及促进策略[J]. 学前教育研究,2017(6):40-48.

王菲菲,李雪,刘靖,等. 孤独症幼儿的情绪行为问题研究[J]. 中国全科医学,2019,22(18):2189-2193.

黄珊,李晶. 孤独症儿童情绪记忆的特点及神经机制[J]. 中国特殊教育, 2023(11):66-72.

朱泽鹏,邓欢. 孤独症个体的情绪调节障碍特征及原因[J]. 现代特殊教育,2022(10):73-80.

许占斌,倪钰飞,徐小晶,等. 孤独症谱系障碍儿童感觉特征与行为问题的相关性[J]. 中国学校卫生, 2022, 43(8): 1207-1209, 1214.

刘斯宇, 林力孜, 王馨, 等. 孤独症谱系障碍儿童情绪行为问题与其母亲焦虑状况关联分析[J]. 中国儿童保健杂志, 2022, 30(4): 361-365, 391.

张可心, 赵阳, 邓伟, 等. 自闭症儿童家长负性情绪的成因及干预方法综述[J]. 统计与管理, 2014(9): 108-109.

杨晓玲, 黄悦勤, 贾美香, 等. 孤独症行为量表试测报告[J]. 中国心理卫生杂志, 1993(6): 279-280, 275.

欧玉玲, 邢强. 基于功能性行为评估的自闭症儿童情绪问题行为干预的案例研究[J]. 卫生职业教育, 2022, 40(22): 146-149.

吕萍萍, 崔乃雪, 韩静, 等. 孤独症谱系障碍儿童焦虑评估工具的系统评价[J]. 中国儿童保健杂志, 2022, 30(12): 1358-1363.

王薇, 徐知宇, 李永鑫, 等. 情绪主题绘本阅读对自闭症谱系障碍儿童情绪理解障碍的干预效果[J]. 心理发展与教育, 2019, 35(5): 566-572.

刘友群. 运用社交故事矫正自闭症儿童的情绪问题[J]. 现代特殊教育, 2016(1): 60-62.

王祺慧, 宋博媛. 音乐治疗干预自闭症儿童情绪问题的个案研究[J]. 科技视界, 2017(9): 52, 58.

巫光园, 吴曜. 自闭症儿童情绪行为问题的干预: 以音乐治疗的运用为例[J]. 现代特殊教育, 2015(23): 18-19.

王丽霞. 体感游戏康复治疗对孤独症儿童社交障碍、情绪变化的影响[J]. 中国社区医师, 2019, 35(11): 64, 66.

刘颖. 心理干预对孤独症谱系障碍患儿的干预效果及对患儿不良情绪的影响研究[J]. 江西医药, 2023, 58(11): 1293-1295.

胡金萍, 耿康洁, 赵倩, 等. PBS理论在特殊儿童问题行为干预中的应用研究[J]. 绥化学院学报, 2020, 40(4): 79-83.

沈明翠. 自闭症儿童行为问题评估和干预的个案研究[J]. 现代特殊教育, 2017(6): 63-69.

覃薇薇. 自闭症学生课堂问题行为干预: 以正向行为支持技术为例[J]. 当代教育实践与教学研究(电子版), 2017, 2: 245.